네이티브가 가장 많이 쓰는 독일어 표현 BEST 300

네이티브가 가장 많이 쓰는

독일어 표현 BEST 300

발 행 일 2017년 3월 10일
2쇄 발행일 2019년 10월 10일

저 자 심연희 저 / Jong Myung Lee 감수
발 행 인 윤우상
총 괄 윤병호
책임편집 최다연
북디자인 Design Didot 디자인디도
발 행 처 송산출판사
주 소 서울특별시 서대문구 통일로32길 14 (홍제 2동)
전 화 (02) 735-6189
팩 스 (02) 737-2260
홈페이지 http://www.songsanpub.co.kr
E-mail songsan1@korea.com
등록일자 1976년 2월 2일. 제 9-40호

ISBN 978-89-7780-240-7 13750

네이티브가
가장 많이 쓰는

독일어 표현 BEST 300

심연희 저 Jong Myung Lee 감수

송산출판사

머리말

독일하면 무엇이 떠오르는가? 분데스리가, 깊은 수준의 학문, 최고 수준의 기술력, 누구나 감탄하는 다양한 맥주, 클래식 음악, 그리고 이민가고 싶은 복지 국가.

공학이나 법학, 서양예술을 전공하는 분들은 한 번쯤 독일어권에서의 유학을 꿈꾸기도 한다. 인구 8천만의 독일이 아니더라도 스위스와 오스트리아에서도 쓰이는 독일어는 새로운 기회의 언어이기도 하다. 또한 요즈음 들어 새로운 삶의 가능성을 찾고 있는 사람들에게 독일은 이상적인 삶을 제시하는 국가로 부각되고 있다.

안타깝게도 독일어는 배우기 쉬운 언어는 아니다. 처음 배우는 사람이라면 복잡한 불규칙 동사들과 분리전철 동사들, 명사의 성과 수, 형용사 어미변화 등의 요소 때문에 독일어를 포기하고 싶어질 수도 있다. 하지만 배우기 어렵기에 그만큼 희소가치가 상당한 것도 사실이다. 영어 다음으로 유럽어를 하나 더 해야 한다면, 독일어는 좋은 선택이다.

이 책은 독일에서 정착하려는 분들, 그리고 독일어를 재미있게 배우려는 분들에게 도움이 되기를 바라는 마음에서 집필되었다. 조금이라도 재미있게 학습할 수 있도록, 가능한 한 지루하지 않은 본문과 내용을 서술하려고 노력했다. 수록된 문장들은 독일어 학원이나 수험서적에서는 배우기 힘들지만, 실생활에서는 꼭 알아두어야 할 것들이다.

택배기사가 택배를 옆집에 맡겨 두었으니 찾으러 가라는 쪽지를 남기고 갔을 때, 어떻게 짐을 찾으러 갈까? 나를 빤히 쳐다보는 무례한 옆자리 사람에게 그러지 말라고 하고 싶을 때는 무슨 말을 할까? 길거리에서 무료로 나눠 주는 사은품을 나도 하나 갖고 싶을 때, 뭐라고 하면서 받아야 할까? 살다 보면 이런 소소한 상황에 맞는 독일어가 나오지 않아 속상할 때가 많다.

때로는 우리나라에서 통용되지 않는 관습을 꼭 지켜주어야 예의에 어긋나지 않을 때도 있고, 가끔은 웃으면서 넘기기보다는 강경하게 자신의 주장을 고수하며 상대방에게 사과를 받아야 하는 경우도 있다. 그런 위기 상황에서 외국인인 우리는 당황하게 되는 법. 그래서 이 책은 상황에 맞는 대답이 될 만한 깔끔한 한두 마디 문장을 제시한다.

이 책에 나오는 300가지의 표현에는 그 표현의 유래와 쓰임새, 담긴 문화적 의미와 더불어 단어와 문법 설명, 그리고 비슷한 표현이 곁들여져 있다. 이 책 하나만으로 독일어를 완벽하게 구사할 수는 없겠지만, 이 안의 표현을 잘 배우고 쓸 수 있게 된다면, 독일 생활이 훨씬 여유로워질 것이다.

마지막으로 이 책의 출판을 허락해 주시고 모든 과정에서 애써 주신 송산출판사 윤우상 사장님과 최다연 대리님, 그리고 이 책의 내용을 함께 고민해 준 나의 남편 이일호 박사에게 감사의 마음을 전하고 싶다.

심연희

차례

1-20위

21-40위

41–60위

61–80위

81–100위

101–120위

121–140위

201–220위

221–240위

241–260위

261-280위

281-300위

001위 - 020위 순위

001위 나 간다.

002위 이따 봐.

003위 그냥.

004위 아무것도 아니야.

005위 뭐라고?

006위 제발 도와줘!

007위 너 뭐 찾아?

008위 이거 네 거야?

009위 화장실 갔다 올게.

010위 나한테 전화해.

011위 축하해!

012위 그냥 놔 둬.

013위 누구세요?

014위 택배 찾으러 왔는데요.

015위 담배는 밖에서 피워 줄래?

016위 건강하세요!

017위 괜찮습니다.

018위 말은 잘 못해도 이해할 수는 있어요.

019위 우리 사진 좀 찍어 주시겠어요?

020위 이 풍선 가져가도 되나요?

001위 Ich gehe.

002위 Bis nachher.

003위 Nur so.

004위 Es ist nichts.

005위 Wie bitte?

006위 Hilf mir, bitte!

007위 Wonach suchst du?

008위 Ist die deine?

009위 Ich muss mal.

010위 Ruf mich an.

011위 Gratuliere!

012위 Lass das mal sein.

013위 Wer ist da?

014위 Ich möchte meine Sendung abholen.

015위 Gehst du zum Rauchen bitte nach draußen?

016위 Gesundheit!

017위 Nichts passiert.

018위 Ich kann zwar nicht gut Deutsch sprechen, aber verstehen kann ich Sie

019위 Können Sie bitte ein Foto von uns machen?

020위 Darf ich den Luftballon haben?

001위 먼저 자리를 뜰 때

Ich gehe.

M: Bleibst du hier? Also, ich gehe.
F: Okay. Ich bleibe lieber noch eine Stunde. Bis nachher!

*gehen 가다 *bleiben 머무르다 *lieber 보다 좋은 *die Stunde 시간

나 간다.

M: 여기 계속 있을 거니? 난 가려고.
F: 알았어. 난 한 시간 더 있으려고. 나중에 보자!

[해설]

독일어로 '나 갈게'는 gehen 동사의 현재형을 써서 위와 같이 표현합니다. 독일어의 현재형은 영어와 달리 미래형을 표현하기도 합니다. 그래서 '나는 간다'라는 뜻만 있는 게 아니라 '나 갈게'라는 뜻도 됩니다. '계속 있다'라는 뜻은 '머무르다'라는 뜻의 동사인 bleiben을 씁니다.

[expression plus]

*불규칙 동사변화 gehen - ging - gegangen
*불규칙 동사변화 bleiben - blieb - geblieben

002위 조금 있다 다시 만나게 될 상황의 인사말

Bis nachher.

F: Ich komme in drei Stunden wieder.
Kannst du währenddessen das Zimmer bitte aufräumen?

M: Okay. Kein Problem. Bis nachher.

*wieder|kommen 돌아오다 *währenddessen 그 동안 *das Zimmer 방
*auf|räumen 정리하다

이따 봐.

F: 세 시간 있다 돌아올게. 그동안 방 좀 치워 줄래?

M: 그래. 문제 없어. 이따 봐.

[해설]

bis는 '~까지'라는 뜻이고, nachher는 '나중'이란 뜻입니다. 그래서 두 말이 합쳐지면 '나중에 보자'라는 인사말이 됩니다. 보통 이 말은 몇 시간 후에 만날 것을 예상하고 하는 말입니다. 비슷한 뜻으로 '다음에 보자'라는 말에는 'Bis dann!'이라는 인사말이 있습니다.

[expression plus]

* 헤어지는 인사말로는 Auf Wiedersehen이 있지만, 흔히 auf를 생략하고 Wiedersehen!이라고 하며, 남부 지방과 오스트리아에서는 Wiederschauen!이라고도 한다.
* Bis Montag! 월요일에 봐!
* Bis morgen! 내일 봐!
* 격의없는 친근한 사이의 인사말로는 Tschüss!가 있다.

003위 아무 이유가 없다고 대답하고 싶을 때

Nur so.

F: Warum fragst du?
M: Ach, nur so.

*warum 왜 *fragen 묻다 *nur 오로지

그냥.

F: 너 왜 묻는 거야?
M: 아, 그냥.

[해설]
독일인은 논리적인 것으로 알려져 있지만, 별로 이유를 대고 싶지 않거나 딱히 이유가 없을 때 쓰는 표현은 어느 나라나 있기 마련입니다. 이럴 때는 'Nur so.' 또는 'Einfach so.'라고 대답하면 됩니다.

[expression plus]
*Das sagst du nur so! 너 말로만 그러는 거지!
*때때로 nur so 형태가 문장 가운데 오면, '아주, 더욱 더'라는 뜻이 되기도 한다.
Er hat die Tür zugeschlagen, dass es nur so knallte.
그가 문을 쾅 닫아서 소리가 아주 크게 울렸다.

004위 말을 얼버무리고 싶을 때

Es ist nichts.

M: Was? Ich habe dich nicht gehört.
Wiederhol es bitte nochmal!

F: Nein, es ist nichts.

*hören 듣다 *wiederholen 되풀이하다 *nochmal 한 번 더

아무것도 아니야.

M: 뭐라고? 나 못들었어. 다시 한 번 말해봐.

F: 아니, 아무것도 아니야.

[해설]

더 이상 말하고 싶지 않아지거나 또는 상황을 얼버무리고 싶을 때 쓰는 표현입니다. 한국어와 아주 비슷한 구조이죠. 여기서 nichts는 '아무것도 ~않다, 없다'라는 뜻인데, 명사로 쓰이면 '없음' 또는 '하찮은 것, 쓸데없는 것'을 가리킵니다.

[expression plus]

*Überhaupt nichts! = Gar nichts! 절대 아니야!
*So gut wie nichts! 거의 없는(아닌) 거나 다름없잖아!

005위 상대방의 말을 잘 듣지 못했을 때

Wie bitte?

M: Wie bitte?
Kannst du das bitte wiederholen?
F: Okay, ich wiederhole es.
Bitte hör diesmal zu!

*zu|hören 잘 듣다 *diesmal 이번에

뭐라고?

M: 뭐라고? 다시 한 번 말해줄래?
F: 알았어. 다시 말해줄게. 이번엔 제발 잘 들어.

[해설]

'부탁하다'라는 뜻의 동사 bitten의 1인칭 단수형이 bitte입니다. 바로 이 동사의 형태가 독일어에서 가장 흔하게 쓰는 여러 가지 표현을 만듭니다. "Wie bitte?"라고 대답하면 '부디 다시 한 번 이야기해 주세요."라는 의미로, "뭐라고?"하며 다시 묻는 말이 됩니다. 간단하게 Wie까지도 생략하고 "Bitte?"라고 말해도 됩니다.

[expression plus]

*Bitte는 굉장히 다양한 뜻을 가지고 있다.
Danke schön. - Bitte schön. 감사합니다. - 천만에요.
Darf ich die Tür zumachen? - Bitte. 문을 열어도 될까요? - 그러세요.
Na bitte! 봐, 내가 뭐랬어!

006위 간절하게 도와 달라고 부탁할 때

Hilf mir, bitte!

M: Hilf mir, bitte! Sonst bringe ich mich um!
F: Tut mir leid, aber ich bin im Moment nicht in der Lage, dir zu helfen.

*sonst 그렇지 않으면 *sich umbringen 자살하다 *im Moment 지금은 *die Lage 위치

제발 도와줘!

M: 제발 도와줘! 안 그럼 나 죽어, 제발!
F: 미안하지만 지금 내가 도와줄 수 있는 입장이 아니야.

[해설]

이 예문처럼 명령문에 쓰인 bitte는 '제발'이라는 뜻입니다. 보통 bitte는 명령문의 맨 앞이나 맨 뒤에 붙여서 쓰고 때로는 문장 가운데에 넣어 씁니다. bitte를 붙이지 않은 명령문은 무례할 수 있기 때문에 친한 친구 사이라도 부탁을 하는 경우라면 반드시 bitte를 붙이는 것이 좋습니다.

[expression plus]

*명사 Bitte는 '부탁, 당부'라는 뜻이다.
Ich habe eine Bitte an dich. 너한테 부탁이 있어.
*불규칙 동사변화 helfen – half – geholfen
*helfen동사는 2인칭 단수형(du hilfst)과 3인칭 단수형(er hilft)이 불규칙하게 변한다.

007위 어떤 물건을 찾을 때

Wonach suchst du?

F: Wonach suchst du?
M: Ich suche nach meinem Schlüssel.
Könntest du bitte nachsehen, ob er auf dem Tisch liegt?

*suchen 찾다 *der Schlüssel 열쇠 *nach|sehen 찾아보다 *liegen 놓여 있다

너 뭐 찾아?

F: 너 뭐 찾아?
M: 내 열쇠 찾아. 부탁인데 탁자 위에 있나 봐 줄래?

[해설]

'찾다'라는 동사 suchen은 전치사 nach와 함께 '~을 찾다'라는 뜻을 만듭니다. 영어나 우리말과는 달리, 이렇게 전치사와 함께 다니는 동사들은 '무엇'이라는 뜻으로 의문문을 만들 때 '무엇'이라는 말에 해당하는 was를 쓰지 않고 전치사에 wo를 붙입니다. 그래서 여기서는 wonach가 '무엇'이라는 뜻이 되는 것이죠.

[expression plus]

*Könntest du bitte~?라고 물어보면 kannst du ~?로 묻는 의문문보다 훨씬 의미가 정중하고 깊어진다.
*불규칙 동사변화 nach|sehen - nach|sah - nachgesehen

008위 물건이 누구 것인지 알고 싶을 때

Ist die deine?

M: Diese Hose hier. Ist die deine?
F: Zeig mal! Nein, die ist nicht meine.
Ich glaube, die gehört Franzeska.

*zeigen 보여주다 *glauben 생각하다, 믿다 *gehören ~의 것이다

이거 네 거야?

M: 여기 이 바지, 이거 네 거야?
F: 봐봐. 아니, 이거 내 거 아니야.
내가 보기엔 프란체스카 거 같아.

[해설]

'나의 것', '너의 것', '그들의 것' 같이 표현하려면 독일어의 소유격인 mein, dein, ihr에 관사를 붙이지 말고 쓰면 됩니다. 물론, 그것이 해당하는 물건의 성별과 수는 따라야 합니다. 여기서는 Hose가 여성형이므로 '너의 바지' = '네 것'이 되어 mein에 여성형 접미사인 e가 붙어 meine가 되는 것입니다.

[expression plus]

*Ist das deine? = Gehört das dir? 네 거야?
*Franzeskas Rock = ihr Rock = ihr 프란체스카의 치마 = 그녀의 치마 = 그녀의 것
*정관사 der, die, das는 때로 지시대명사로 사용되기도 한다.
Dieser Rock? Ja, der ist mein. 이 치마? 어, 그거 내 거야.

009위 화장실 가고 싶을 때

Ich muss mal.

F: Ich muss mal. Wo ist denn hier die Toilette?
M: Oben im ersten Stock rechts.

*die Toilette 화장실, 변기 *oben 위의 *der Stock 층 *rechts 오른편에

화장실 갔다 올게.

F: 화장실 갔다 올게. 여기 화장실이 어디야?
M: 2층으로 올라가서 오른쪽에 있어.

[해설]

이 말은 Ich muss mal auf Toilette라는 문장에서 뒷문장을 빼고 쓰는 말입니다. 지금 화장실이 급한데 길게 말할 필요가 전혀 없겠지요? 재미있게 '나 어디 좀 가야 해'라고 하여 'Ich muss mal wohin.'이라고 쓸 수도 있고, 남자분들이라면 'Ich muss mal für kleine Jungs!'라고 표현할 수도 있습니다.

[expression plus]

*독일은 건물의 층수 개념이 우리와 다르다. 우리나라의 1층은 독일에서는 지층이라 하여 Erdgeschoss라고 하고, 2층부터 1층으로 숫자를 붙여 표시한다. 즉, 한국의 2층이 독일어로는 Erstgeschoss(erster Stock)인 것이다.
*rechts 오른쪽으로 ⇔ links 왼쪽으로

010위 상대방에게 전화해 달라 말할 때

Ruf mich an.

F: Wann kommst du zurück? Ich brauche deine Hilfe.
M: Wahrscheinlich kann ich am Donnerstag kommen.
Ruf mich doch am Donnerstagmorgen an.

*zuruckkommen 돌아오다 *brauchen 필요하다 *wahrscheinlich 아마
*der Donnerstag 목요일

나한테 전화해.

F: 너 언제 돌아와? 네가 도와줘야 하는데.
M: 아마 목요일에 올 수 있을 거야. 목요일 아침에 나한테 전화해.

[해설]

'전화하다'라는 동사에는 anrufen과 telefonieren이라는 동사 두 개가 있습니다. 그 중 aurufen은 '전화를 걸다'라는 뜻이고, telefonieren은 '~와 통화하다'라는 뜻으로 전화로 나누는 대화에 초점이 맞춰져 있습니다. 그러므로 '전화해'라고 말하려면 anrufen을 써야 합니다. anrufen은 분리전철동사(동사 앞부분이 떨어지는 동사)이므로 여기서는 an이 문장 맨 뒤로 갑니다.

[expression plus]

*morgen, abend 같은 말은 각 요일에 붙어서 한 단어가 되기도 합니다.
Freitagmorgen 금요일 아침 Sonntagabend 일요일 저녁
*불규칙 동사변화 an|rufen - an|rief – angerufen

011위 축하의 말을 건넬 때

Gratuliere!

M: Ich gratuliere dir zum Bestehen vom Staatsexamen!
F: Danke schön!

*gratulieren 축하하다 *bestehen 합격하다 *das Staatsexamen 국가고시

축하해!

M: 국가 고시 붙은 거 축하해!
F: 고마워!

[해설]
일반적으로 축하한다고 말할 때는 동사 gratulieren을 쓴 다음, 축하를 받는 상대방을 dir, euch, Ihnen 등으로 지칭한 후 전치사 zu 뒤에 축하할 일을 씁니다. Examen이란 보통 졸업 시험을 가리키고, '국가'라는 뜻의 Staat이 붙은 Staatsexamen은 보통 의대나 법대, 교육대에서 보는 국가고시를 의미합니다. 그냥 간단하게 'Gratuliere!'라고 말해도 됩니다.

[expression plus]
*Ich gratuliere (ganz herzlich) dir zum Geburtstag! (진심으로) 생일 축하해!
*Ich gratuliere euch zur Hochzeit! 너희들 결혼 축하해!

012위 상대방의 도움을 부드럽게 거절할 때

Lass das mal sein.

F: Spülen wir das Geschirr zusammen.
M: Lass das mal sein. Ihr seid meine Gäste.
Ihr braucht nicht aufzuräumen.

*spülen 씻다 *das Geschirr 그릇 *der Gast 손님 *brauchen 필요하다
*auf|räumen 정리하다

그냥 놔 둬.

F: 설거지 같이 하자.
M: 그냥 놔 둬. 너희는 손님이잖아. 청소할 필요 없어.

[해설]
동사 lassen은 '허락하다' 또는 '내버려두다'라는 뜻입니다. 그래서 'Lass das sein.'이라고 하면 '그것대로 내버려 둬라'라는 뜻으로, '놔 누다'라는 말이 되지요. mal이라는 단어는 구어체 명령문에 흔히 들어가는 말로, 별다른 뜻이 아니라 '사, 좀' 정도의 의미가 되어 명령문의 어감을 바꿔 줍니다.

[expression plus]
*brauchen nicht ~ zu~ ~할 필요 없다
Du brauchst nicht länger zu warten. 너 더 이상 기다릴 필요 없어.
*'~하자'라는 권유문을 만들 때는 동사 + wir의 순서로 문장을 만든다.
Räumen wir zusammen auf. 우리 같이 청소하자.

013위 우편물을 받을 때

Wer ist da?

F: Wer ist da?
M: Die Post. Bitte unterschreiben Sie hier.

*wer 누구 *da 거기 *die Post 우체국, 우편물 *unterschreiben 서명하다

누구세요?

F: 누구세요?
M: 우편물 배달입니다. 여기 서명해 주세요.

[해설]

누군가가 문을 두드릴 때 보통은 그냥 열어주기도 하지만, '누구세요?'라고 말하려면 독일어로 'Wer ist da?'라고 말하면 됩니다. 독일 우체국은 Deutsche Post라고 하고, 잘 알려진 택배회사 DHL도 독일 우체국이 인수해서 우체국에 창구가 같이 있습니다. 보통 택배를 받을 때는 우체부나 택배기사의 단말기에 서명을 해 주도록 되어 있으니 우편물을 받고 서명하면 됩니다.

[expression plus]

*그밖에 독일에서 이용하는 주요 택배회사에는 UPS(United Parcel Service), DPD(Dynamic Parcel Distribution), Hermes 등이 있다.

014위 맡겨 놓은 택배를 찾으러 갈 때

Ich möchte meine Sendung abholen.

M: Wer ist da?

F: Ihr Nachbar. Ich möchte meine Sendung abholen.

*der Nachbar 이웃 *die Sendung 우편물 *ab|holen 받아 오다

택배 찾으러 왔는데요.

M: 누구세요?

F: 옆집이에요. 택배 찾으러 왔는데요.

[해설]

독일 택배 시스템은 보통 낮시간에 오는데 집에 아무도 없으면 다음날 다시 오거나 연락을 달라는 쪽지를 붙여 두고 그냥 가 버립니다. DHL택배인 경우에는 우체국에 가서 찾아와야 할 때도 있습니다. 하지만 간혹 이웃에게 맡기고 '여기 가서 찾으라'는 쪽지를 남길 때도 있습니다. 그럴 때는 '받아 오다'라는 동사 abholen을 써서 '네 우편물을 찾고 싶다'라고 말하면 됩니다.

[expression plus]

*Wer ist da? - Ihre Nachbarin. (본인이 여자일 경우)옆집이에요.

*Können Sie bitte das Paket von Ihren Nachbarn annehmen?
옆집 소포 좀 맡아 주시겠습니까? (우체부가 하는 말)

015위 집 안에서 담배를 피우면 안 될 때

Gehst du zum Rauchen bitte nach draußen?

F: Gehst du zum Rauchen bitte nach draußen? In meinem Zimmer wird nicht geraucht.
M: Okay. Kein Problem.

*rauchen 담배 피우다 *nach ~로 *draußen 바깥의 *das Zimmer 방

담배는 밖에서 피워 줄래?

F: 담배는 밖에서 피워 줄래? 내 방에서는 담배피면 안 돼.
M: 그래, 알았어.

[해설]
기숙사에서는 규정상 방 안에서 담배를 피우면 안 되는 경우가 있습니다. 보통 모든 집에는 베란다가 딸려 있어서 거기서 담배를 피우곤 하는데요. '담배 피우다'라는 뜻의 동사 rauchen을 zum Rauchen이라고 쓰면 '담배 피우러'라는 뜻이 됩니다.

[expression plus]
*eine Zigarette rauchen 담배 한 대 피우다
*nach draußen gehen 밖으로 나가다 ⇔ nach drinnen gehen 안으로 들어가다
*der Tabak zum Selberdrehen 직접 말아 피우기용 담배잎 (슈퍼에서 판매)

016위 기침하는 상대방에게 해 주는 인사말

Gesundheit!

M: Hatschi!
F: Gesundheit!
M: Danke schön.

*hatschi! 에취! *die Gesundheit 건강

건강하세요!

M: 에취!
F: 건강하세요!
M: 감사합니다.

[해설]

독일에서는 옆사람이 재채기를 할 때, 건강을 비는 뜻에서 'Gesundheit!'라고 합니다. 똑같은 영어 표현은 원래 독일에서 넘어간 것입니다. 비단 아는 사람이 아니라도, 길거리에서나 기차 안, 슈퍼마켓 안에서 옆에 서 있던 사람이 재채기를 한다면 독일인들은 스스럼없이 '건강하세요!'라고 빌어 주기도 합니다. 그러니 모르는 사람이 내게 'Gesundheit!'라고 말해도 놀라지 마시고, 미소를 지으며 가볍게 Danke schön으로 대답하세요.

[expression plus]

* Aua 아야! 아파!
* Hoppla! 어머나! 이런!
* Ach! 아!

017위 상대방의 가벼운 실수에 괜찮다고 말할 때

Nichts passiert.

M: Oh, Entschuldigung!

F: Nichts passiert.

*nichts 아무것도 ~않다 *passieren 일어나다

괜찮습니다.

M: 아, 미안합니다!

F: 괜찮습니다.

[해설]

지하철에서 누군가의 발을 밟았거나 몸이 부딪혔거나 등의 가벼운 실수를 했을 때 '미안합니다'라고 말하게 됩니다. 그럴 때 대답은 '괜찮습니다'로 해야겠지요? 독일어에서는 그럴 때 '아무 일도 아닙니다'라는 뜻으로 Nichts passiert라고 합니다. 같은 뜻으로 'Das macht nichts', 또는 더 줄여서 'Macht nichts.'라고 하기도 하고, 'Kein Problem.'이라고 말해도 됩니다.

[expression plus]

*Entschuldigung 말고도 가벼운 사과의 뜻으로 영어식으로 Sorry, 또는 프랑스어 식으로 Pardon이라고 말하기도 한다.
Sorry! – Macht nichts.

018위 대화 상대방에게 독일어를 알아들을 수 있다는 의사를 전달할 때

Ich kann zwar nicht gut Deutsch sprechen, aber verstehen kann ich Sie.

F: Verstehen Sie mich? Soll ich mit Ihnen auf Englisch sprechen?
M: Ich kann zwar nicht gut Deutsch sprechen, aber verstehen kann ich Sie.

*verstehen 이해하다 *sprechen 말하다 *zwar ~이지만

말은 잘 못해도 이해할 수는 있어요.

F: 제 말 이해 못 하시겠어요? 영어로 이야기하실래요?
M: 제가 말은 잘 못 해도 당신 말을 이해할 수 있어요.

[해설]

독일어를 배울 때 가장 늘지 않는 것이 바로 회화입니다. 상당히 복잡한 문법을 빠르게 구사해야 하기 때문인데요. 그런데 경우에 따라 상대방이 하는 밀을 이해했음에도 뭐라 대답할지 맞는 말이 떠오르지 않을 때가 있습니다. 그럴 때 독일인들이 영어를 쓰면 대화가 더 잘 될까 싶은 마음에서 이런 제안을 할 때 쓰는 표현이죠. 인이는 지 신간이나 당황하지 말고 차근차근 말을 연습하세요.

[expression plus]

*불규칙 동사변화 verstehen – verstand – verstanden
*불규칙 동사변화 sprechen – sprach – gesprochen
*auf 나라를 나타내는 형용사 – ~나라 말로
auf Koreanisch 한국어로 auf Italienisch 이태리어로

019위 지나가는 사람에게 사진을 찍어 달라 부탁할 때

Können Sie bitte ein Foto von uns machen?

M: Können Sie bitte ein Foto von uns machen?
F: Natürlich. Sind Sie bereit? Bitte lächeln. Drei, zwei, eins!

*das Foto 사진 *natürlich 당연한 *bereit 준비한 *lächeln 웃다

우리 사진 좀 찍어 주시겠어요?

M: 우리 사진 좀 찍어 주시겠어요?
F: 네, 물론이죠. 웃으세요. 찍습니다, 하나 둘 셋!

[해설]

'사진을 찍다'라는 말은 ein Foto machen이라고 합니다. 상대방에게 자신들을 찍어달라고 부탁하고 싶다면 '우리의 사진'이라고 하여 ein Foto von uns라고 말하면 됩니다. 만약 누군가의 사진을 찍고 싶다면 'Darf ich ein Foto von Ihnen machen?'이라고 합니다. 하나, 둘, 셋!은 독일어로는 반대로 'drei, zwei, eins!'라고 하니 알아두세요.

[expression plus]

*Natürlich. = Sehr gern. = Okay. 물론이죠.
*Wollen wir zusammen ein Foto machen? 우리 같이 사진 찍을까요?

020위 공짜로 주는 물건을 갖고 싶을 때

Darf ich den Luftballon haben?

M: Darf ich den Luftballon haben? Mein Kind möchte ihn gerne.
F: Natürlich. Bitte schön.

*der Luftballon 풍선 *das Kind 아이 *gern(e) 기꺼이

이 풍선 가져가도 되나요?

M: 이 풍선 가져가도 되나요? 우리 아이가 갖고 싶다고 해서요.
F: 그럼요. 가져가세요.

[해설]
독일에서는 종종 도심에 커다란 축제가 열리곤 합니다. 그때마다 참가 회사에서는 이벤트로 선물을 나누어 주는 경우가 많지요. 꽤 좋은 추억이 되므로, 용기를 내어서 물어보세요. 'Darf ich '원하는 물건' haben?'이라고 물어보면 됩니다. 'Darf ich~?'라는 말이 '~해도 될까요?'라는 뜻이므로, 이 상황에서는 그냥 'Darf ich?'라고 물어봐도 뜻은 통합니다

[expression plus]
*einen Luftballon aufblasen 풍선을 불다
*여기서 대답의 의미로 쓰인 Bitte schön은 '그러세요. 가져가세요'라는 뜻이다.

021위 - 040위 순위

021위 줄 서세요!

022위 한 번만 봐주세요.

023위 좀 지나가도 될까요?

024위 시청 가려면 어떻게 하나요?

025위 여기 근처에 주유소가 있나요?

026위 다음 역에서 내려야 하나요?

027위 나 길치야.

028위 죄송합니다. 다른 사람과 착각했어요.

029위 택시 한 대 부르고 싶은데요.

030위 내일 밤 예약하고 싶은데요.

031위 저기요. 아무도 안 계신가요?

032위 여기서 드실 건가요? 아니면 포장인가요?

033위 같은 걸로 주세요.

034위 아무거나 상관없어.

035위 우리한테 추천해 줄 만한 메뉴가 있나요?

036위 손님께 무료로 스파클링 화이트 와인을 제공해 드리겠습니다.

037위 여기서 무선 인터넷을 쓸 수 있나요?

038위 분담해서 내자.

039위 나 여기 단골이야.

040위 거스름돈은 됐습니다.

021위 Stellen Sie sich bitte hinten an!

022위 Bitte drücken Sie ein Auge zu.

023위 Darf Ich mal vorbei?

024위 Wie komme ich zum Rathaus?

025위 Gibt es hier eine Tankstelle in der Nähe?

026위 Muss ich an der nächsten Haltestelle aussteigen?

027위 Ich habe kein Richtungsgefühl.

028위 Es tut mir leid, ich habe Sie für jemand anders gehalten.

029위 Ich bräuchte ein Taxi.

030위 Ich möchte morgen Abend einen Tisch reservieren.

031위 Hallo, ist da jemand?

032위 Zum Mitnehmen oder zum hier Essen?

033위 Ich nehme das Gleiche.

034위 Mir ist es egal.

035위 Können Sie uns etwas empfehlen?

036위 Wir laden Sie zu einem Gratis-Prosecco ein.

037위 Kann ich hier das Wi-Fi benutzen?

038위 Zahlen wir getrennt.

039위 Ich bin hier Stammkunde.

040위 Stimmt so.

021위 질서유지를 위해 줄을 서라고 할 때

Stellen Sie sich bitte hinten an!

F: Bitte nicht vordrängeln! Stellen Sie sich bitte hinten an!
M: Okay. Nach Ihnen.

*vordrängeln 밀치고 가다 *sich an|stellen 서다 *hinten 뒤에 *nach ~다음에

줄 서세요!

F: 새치기하지 마세요. 줄 서세요!
M: 알았어요. 먼저 가세요.

[해설]

vordrängeln은 '다른 사람을 밀치고 앞으로 마구 나가다'라는 뜻입니다. 그러므로 부정명령문을 만들면 새치기하지 말라는 뜻이 되지요. anstellen은 '옆에 세우다'라는 뜻이므로, 재귀대명사를 쓰면 '옆에 서다'가 되고, hinten이 뜻을 더하여 뒤에 서라는 뜻을 만듭니다. 독일인들은 질서를 잘 지키는 편이지만, 간혹 그렇지 않은 상황은 어디에나 있으니 당당하게 말하세요.

[expression plus]

*nach Ihnen을 직역하면 '당신의 뒤에'라는 뜻이다. 자신이 상대방의 뒤에 서겠다는 것이므로 '먼저 가세요'라는 뜻이 된다. 내 뒤에 줄을 선 노약자나 급한 사람이 있는 경우 먼저 순서를 양보하는 정중한 표현으로 쓰이곤 한다.

022위 잘못을 눈감아 달라고 부탁할 때

Bitte drücken Sie ein Auge zu.

M: Bitte drücken Sie ein Auge zu.
F: Nein. Sie müssen 60 Euro fürs Schwarzfahren zahlen.

*zu|drücken 눈을 감다 *das Auge 눈 *schwarz|fahren 무임승차하다 *zahlen 치르나

한 번만 봐주세요.

M: 한 번만 봐 주세요.
F: 안됩니다. 무임승차 벌금 60유로 내셔야 해요.

[해설]

독일어로 '봐 주다'라는 표현은 우리말과 유사하게 '한 눈을 감아주다'라는 뜻으로 ein Auge zudrücken라고 합니다. 독일은 버스나 지하철에 개찰구가 없는 내신 표가 있는지 불심검문을 하는데요. 정말 안타깝게도 외국인이나 관광객이라도 절대로 봐 주지 않고 60유로를 내야 합니다. 이 표현은 기억해 두었다가 다른 때에 사용하세요.

[expression plus]

*Ihr Fahrschein, bitte! 표를 제시해 주세요! (불심검문시 검사관이 하는 말)
*Einzelfahrschein 한번 통행권 Fahrschein Kurzstrecke 단구간권 (보통 2정거장까지)
Tageskarte 일일권 Wochenkarte 일주일권 Monatskarte 한달권

023위 길을 비켜 달라 말할 때

Darf ich mal vorbei?

F: Darf ich mal vorbei?
M: Ah, okay. Bitte schön.

*vorbei 지나서, 통과하여

좀 지나가도 될까요?

F: 좀 지나가도 될까요?
M: 아, 네, 그러세요.

[해설]
좁은 길이나 극장의 통로, 줄지어 늘어선 계단형 강의실 자리를 지나갈 때는 이미 서 있거나 앉아 있는 사람에게 양해를 구하고 지나가야 합니다. 이럴 때 흔히 쓰는 말로 'Darf ich mal vorbei?'라고 하죠. 같은 뜻으로 통과하다라는 뜻의 durchgehen을 쓰기도 합니다.

[expression plus]
*Darf ich mal vorbei? = Darf ich durch(gehen)?
*vorbei의 다른 의미는 '지나서, 과거가 된'이라는 뜻이다.
Es ist schon 10 Uhr vorbei. 벌써 10시가 지났다.

024위 길을 묻고 싶을 때

Wie komme ich zum Rathaus?

M: Entschuldigen Sie bitte, wie komme ich zum Rathaus?
F: Biegen Sie an dieser Kreuzung nach links ab und gehen Sie immer geradeaus.

*das Rathaus 시청 *ab|biegen 꺾다 *die Kreuzung 교차로 *geradeaus 똑바로

시청 가려면 어떻게 하나요?

M: 실례합니다. 혹시 시청 가려면 어떻게 하나요?
F: 이 사거리에서 왼쪽으로 꺾은 다음 쭉 가시면 돼요.

[해설]

길을 묻고 싶다면 독일어로는 '제가 어떻게 ~에 갈 수 있습니까?'라는 뜻으로 말해서 'Wie komme ich zu~?'라고 표현하는 것이 정식입니다. '길을 꺾다'라는 뜻의 abbiegen이나 오른쪽으로 nach rechts, 왼쪽으로 nach links, 직진하는 geradeaus 등의 말을 잘 알아두시면 좋습니다.

[expression plus]

*Wo ist das Rathaus? = Wo finde ich das Rathaus? 시청은 어디에 있습니까?
*Wie komme ich mit den öffentlichen Verkehrsmitteln dorthin?
거기에 가는 대중교통편은 어떻게 됩니까?

025위 근처에 있는 상점의 위치를 알고 싶을 때

Gibt es hier eine Tankstelle in der Nähe?

M: Entschuldigen Sie bitte, gibt es hier eine Tankstelle in der Nähe?
F: Ja, ein bisschen weiter unten auf dieser Straße ist eine Tankstelle.

*die Tankstelle 주유소 *die Nähe 근처 *unten 아래로 *die Straße 길

여기 근처에 주유소가 있나요?

M: 실례합니다. 여기 근처에 주유소가 있나요?
F: 네. 이 거리를 좀 더 내려가시면 주유소가 하나 있습니다.

[해설]

독일어로 '~가 있다'라는 말은 관용적으로 es gibt 뒤에 목적격 관사를 쓰고 명사를 붙이면 됩니다. es 와 gibt는 각각의 단어 뜻은 전혀 다르지만, 합쳐서 '~가 있다'라는 뜻이 됩니다. 하나 더, 독일에는 24시간 여는 편의점이 없지만, 대신 주유소에 딸려 있는 작은 슈퍼마켓에서 24시간 물건을 살 수 있습니다. 그래서 밤중에 술이나 스낵이 필요한 사람이 이용할 수 있지요.

[expression plus]

*ein bisschen weiter 조금만 더 멀리, ein bisschen mehr 조금만 더 많이
*unten auf dieser Straße 길 아래로 ⇔ oben auf dieser Straße 길 위로

026위 대중교통 이용시 목적지를 물어볼 때

Muss ich an der nächsten Haltestelle aussteigen?

M: Entschuldigen Sie, ich möchte zum Englischen Garten. Muss ich an der nächsten Haltestelle aussteigen?
F: Nein, Sie müssen noch drei Haltestellen weiterfahren.

*nächst 다음의 *die Haltestelle 버스정류장 *aus|steigen 내리다
*weiter|fahren 계속 가다

다음 역에서 내려야 하나요?

M: 실례합니다. 저 영국 정원에 가고 싶은데요. 다음 역에서 내려야 하나요?
F: 아닙니다. 세 정거장 더 가셔야 합니다.

[해설]

이런 상황은 버스나 지하철, 경전철(Tram 또는 Straßenbahn)에서 내려야 할 정확한 역을 물어볼 때 쓸 수 있는 말입니다. 정류장을 나타내는 명사 Haltestelle에는 전치사 an을 씁니다. aussteigen은 내리다라는 뜻인데, 반대로 einsteigen은 '타다', umsteigen은 '환승하다'라는 뜻이니 세 단어 모두 잘 알아두시기 바랍니다.

[expression plus]

*Nächste Station, Odeonsplatz. Umsteigemöglichkeit zur U4, U5.
다음 역은 오데온스플라쯔 역입니다. 이번 역에서 지하철 4호선, 5호선으로 환승 가능합니다.
*Ausstieg in Fahrtrichtung links. 내리실 문은 왼쪽입니다.

027위 길을 잘 찾을 자신이 없을 때

Ich habe kein Richtungsgefühl.

M: Wo stehen wir? Ist das der richtige Weg?
F: Um ehrlich zu sein, habe ich auch keine Ahnung.
Ich habe kein Richtungsgefühl.

*stehen 서다 *richtig 올바른 *der Weg 길 *ehrlich 솔직히

나 길치야.

M: 우리 지금 어디에 있는 거지? 이 길 맞아?
F: 솔직히 나도 모르겠어. 나는 길치라서.

[해설]

독일어로 길치라는 말은 '방향'이란 뜻의 Richtung, 그리고 '느낌, 감각'이라는 뜻의 Gefühl을 합쳐서 '방향감각'이라는 말로 표현합니다. 그 앞에 명사를 부정하는 kein을 붙여서 '방향감각이 없다'고 표현하지요. '여기 어디야?'라는 표현은 '우리 어디에 서 있어?'라고 표현하여 'Wo stehen wir?'이라고 말하면 됩니다.

[expression plus]

*Keine Ahnung. 몰라.
*vier Himmelsrichtungen(방위) Ost 동, West 서, Süd 남, Nord 북
*불규칙 동사변화 stehen – stand - gestanden

028위 사람을 잘못 보았을 때

Es tut mir leid, ich habe Sie für jemand anders gehalten.

F: Franz!
M: Entschuldigung, kennen wir uns?
F: Es tut mir leid, Ich habe Sie für jemand anders gehalten.

*kennen 알다 *jemand 누군가 *anders 달리 *halten ~라고 생각하다

죄송합니다. 다른 사람과 착각했어요.

F: 프란쯔!
M: 실례합니다만, 저를 아시는 분인가요?
F: 죄송합니다. 다른 사람과 착각했어요.

[해설]

처음 보는 사람이 자신을 아는 척할 때는 '우리가 서로를 알고 있습니까?'라는 말로 'Kennen wir uns?'라고 합니다. 그리고 보통 그 앞에 Entschuldigung을 먼저 말하곤 하는데, 상대방이 정말로 나를 알고 있는데도 내가 기억을 못 할 경우 미리 죄송하다고 표현하는 방법입니다. '~와 혼동하다'라고 표현하려면 für jemand halten이라는 표현을 씁니다.

[expression plus]

*Es tut mir leid = Tut mir leid 죄송합니다. (좀 더 격식 있는 사과의 표현)
*Entschuldigung. 실례합니다. 미안합니다. (가볍게 유감 혹은 사과의 뜻을 표현할 때)
*불규칙 동사변화 kennen – kannte – gekannt

029위 전화로 콜택시를 부를 때

Ich bräuchte ein Taxi.

F: Hallo, ich bräuchte in 20 Minuten ein Taxi.
M: Gern. Wo sind Sie denn?
F: Ich bin in der Theatinerstraße 10.

*brauchen 필요하다 *die Minute 분 *das Taxi 택시
*die Telefonnummer 핸드폰 번호

택시 한 대 부르고 싶은데요.

F: 안녕하세요. 저 20분 뒤에 택시 한 대 부르고 싶은데요.
M: 알겠습니다. 어디에 계십니까?
F: 테아티너스트라세 10번지에 있어요.

[해설]

독일은 길거리에서 아무렇게나 택시를 잡을 수 없습니다. 정해진 택시 정류소까지 가거나 특정 출발지로 콜택시를 불러야 합니다. 전화를 할 때는 동사 brauchen 가정법을 써서 Ich bräuchte라고 표현하는데요. 이렇게 가정법을 쓰면 공손한 표현이 됩니다. 지금 당장 부를 것이라면 jetzt, 20분 뒤에 부르고 싶다면 문장 사이에 in 20 Minuten이라고 덧붙이면 됩니다.

[expression plus]

*in einer halben Stunde 반 시간 뒤에
*um 14 Uhr 오후 2시에
*in der Theatinerstraße 10 – 통화할 때는 전치사 in을 써서 주소지를 나타낸다.

030위 전화로 식당 예약을 하고 싶을 때

Ich möchte morgen Abend einen Tisch reservieren.

F: Hallo. Ich möchte morgen Abend einen Tisch reservieren.
M: Gern. Für wie viele Gäste wären wir behilflich?
F: Für drei Personen.

*der Gast 손님(복수형 Gäste) *behilflich 도움이 되는 *die Person 사람

내일 밤 예약하고 싶은데요.

F: 안녕하세요. 내일 밤 예약하고 싶은데요.
M: 알겠습니다. 몇 분이시죠?
F: 세 명입니다.

[해설]

독일에서 레스토랑을 예약할 때 쓰는 말은 관용적으로 '탁자 하나를 예약하고 싶다'라고 표현합니다. 그런 다음 몇 사람인지, 몇 시에 가능한지 서로 이야기를 나누고, 이름을 말해 주면 예약이 끝납니다. 보통 예약이나 상거래를 할 때는 한 문장에 모든 사항을 말하기보다는 하나씩 말해 주는 편이 좋습니다.

[expression plus]

*Für wie viel Uhr möchten Sie reservieren? 몇 시에 예약해 드릴까요?
*Ihr Name, bitte? 성함이 어떻게 되십니까?

031위 가게에 주인이 보이지 않을 때

Hallo, ist da jemand?

F: Hallo, ist da jemand?
Wir möchten ein Sandwich kaufen!
M: Einen Moment bitte!
Ich komme gleich!

*kaufen 사다 *der Moment 순간, 잠시 *kommen 가다 *gleich 금방

저기요, 아무도 안 계신가요?

F: 저기요, 아무도 안 계신가요? 우리 샌드위치 사고 싶은데요!
M: 잠시만요! 금방 갈게요!

[해설]

우리말의 '아무도 안 계신가요?'라는 말은 독일어로 하자면 '거기 누구 있습니까?'라는 식으로 'Ist da jemand?'라고 표현할 수 있습니다. gleich는 '같은'이라는 뜻이지만, '금방'이라는 뜻으로도 많이 쓰입니다. 그래서 'Ich komme gleich.'라고 하면 '금방 가겠습니다.'라는 말입니다.

[expression plus]

*Es ist jemand draußen. 밖에 누군가가 있다.
*불규칙 동사변화 kommen – kam – gekommen

032위 식당에서 주문한 음식의 포장 여부를 물을 때

Zum Mitnehmen oder zum hier Essen?

F: Zum Mitnehmen oder zum hier Essen?
M: Zum Mitnehmen. Bitte packen Sie es ein.

*mit|nehmen 가져가다 *ein|packen 포장하다

여기서 드실 건가요? 아니면 포장인가요?

F: 여기서 드실 건가요? 아니면 포장인가요?
M: 가져갈게요. 싸 주세요.

[해설]

보통 패스트푸드 점이나 프랜차이즈 커피숍에서 흔히 마주치게 되는 상황입니다. 동사 mitnehmen과 essen이 명사처럼 대문자에 관사를 붙여 das Mitnehmen '가져감', das Essen '먹음'이란 뜻이 되고, 거기에 전치사 zu가 붙어서 본문처럼 간단한 표현이 되지요. 이 자리에서 먹을 거라면 'Zum hier Essen'이라고 대답하시면 됩니다.

[expression plus]

*불규칙 동사변화 mit|nehmen - mit|nahm - mitgenommen
*mitnehmen동사는 2인칭 단수형(du nimmst mit)과 3인칭 단수형(er nimmt mit)이 불규칙하게 변한다.

033위 다른 사람과 같은 음식이나 물건을 원할 때

Ich nehme das Gleiche.

F: Was möchten Sie essen?
M: Was haben Sie bestellt? Ich nehme das Gleiche.

*essen 먹다 *bestellen 주문하다 *nehmen 선택하다 *gleich 같은

같은 걸로 주세요.

F: 뭘 드시겠어요?
M: 당신은 무엇을 시키셨나요? 저도 같은 걸로 주세요.

[해설]
처음 가 보는 식당에서 어떤 것을 고를지 알 수 없을 때는 다른 사람과 같은 것을 시키고 싶을 때가 있죠. '같은 것'이라는 말은 형용사 gleich에 앞에 정관사 das를 붙이고 끝에 e를 붙여서 만듭니다. 형용사가 명사처럼 쓰이는 것이죠. nehmen 동사에는 상당히 많은 뜻이 있는데, 여기서는 '주문하다, 선택하다'의 뜻으로 쓰였습니다.

[expression plus]
*Ich nehme das Gleiche. = Ich hätte gerne das Gleiche.
*불규칙 동사변화 nehmen – nahm – genommen
*nehmen동사는 2인칭 단수형(du nimmst)과 3인칭 단수형(er nimmt)이 불규칙하게 변한다.

034위 딱히 원하는 게 없어서 아무래도 괜찮을 때

Mir ist es egal.

M: Ich habe eine Brezel und einen Krapfen. Was möchtest du essen?
F: Ach, irgendwas. Mir ist es egal, was ich esse.

*die Brezel 브레젤 *der Krapfen 도넛 *irgendwas 아무거나 *essen 먹다

아무거나 상관없어.

M: 브레젤이랑 도넛 있어. 뭐 먹을래?
F: 아, 아무거나 괜찮아. 뭘 먹어도 상관 없어.

[해설]

egal이라는 말은 사전적으로 '균등한'이라는 뜻이지만, 일상 생활에서는 '아무거나 상관없어'라는 뜻으로 쓰입니다. Mir ist es egal.을 더 줄여서 그냥 간단하게 'Egal!'이라고 해도 됩니다. Irgendwas라는 말 역시 비슷한 뜻입니다. was, wo, wie같은 의문사 앞에 irgend가 붙으면 irgendwas(뭐든지), irgendwo(어디든), irgendwie(어떻게든) 등의 뜻을 만듭니다.

[expression plus]

*부드러운 둥근 빵 속에 잼이 든 도넛인 Krapfen은 지역에 따라서 Berliner, Kräppel 등으로 불리기도 한다.
*불규칙 동사변화 essen – aß – gegessen
*essen동사는 2인칭 단수형(du isst)과 3인칭 단수형(er isst)이 불규칙하게 변한다.

035위 식당에서 잘하는 요리를 물을 때

Können Sie uns etwas empfehlen?

M: Können Sie uns etwas empfehlen?
F: Ich empfehle Ihnen Wiener Schnitzel mit Pommes Frites und grüne Bohnen.

*etwas 무언가 *empfehlen 추천하다 *grün 푸른 *die Bohne 콩

우리한테 추천해 줄 만한 메뉴가 있나요?

M: 우리한테 추천해 줄 만한 메뉴가 있나요?
F: 비너 슈니첼과 감자튀김, 푸른 콩을 추천합니다.

[해설]

레스토랑의 메뉴를 잘 모를 때는 웨이터에게 무엇이 추천메뉴인지 물어보시면 됩니다. 그럴 때는 '추천하다'라는 동사인 empfehlen을 써서 질문합니다. 본문에 나와 있는 비너 슈니첼(Wiener Schnitzel)은 본래 오스트리아의 수도 비엔나의 대표 음식이지만, 독일의 거의 모든 레스토랑에서 찾아볼 수 있는 인기 메뉴입니다. 감자튀김인 Pommes Frites는 원래 프랑스어로 '폼므 프리츠'라고 읽지만 독일에서는 간단하게 포메스(Pommes)라고 하기도 합니다.

[expression plus]

*불규칙 동사변화 empfehlen – empfahl - empfohlen
*empfehlen동사는 2인칭 단수형(du empfiehlst)과 3인칭 단수형(er empfiehlt)이 불규칙하게 변한다.

036위 무료로 제공되는 서비스임을 알릴 때

Wir laden Sie zu einem Gratis-Prosecco ein.

M: Herzlichen Glückwunsch zu Ihrem Geburtstag!
Wir laden Sie zu einem Gratis-Prosecco ein.
F: Echt? Danke schön.

*herzlich 진심으로 *der Glückwunsch 축하 *ein|laden 초대하다 *gratis 무료의

손님께 무료로 스파클링 화이트 와인을 제공해 드리겠습니다.

M: 생일을 축하드립니다!
저희는 손님께 무료 스파클링 화이트 와인을 제공해 드리겠습니다.
F: 정말요? 고맙습니다.

[해설]

독일어에서 '무료'를 나타내는 말은 kostenlos와 gratis라는 말이 있습니다. 하지만 본문처럼 레스토랑 같은 곳에서 무료로 대접하는 음식 같은 경우는 '식당에서 나를 대접한다'라는 의미로 einladen 동사를 써서 표현합니다. Prosecco는 이탈리아 산 스파클링 화이트와인으로 독일의 레스토랑에서 흔히 찾아볼 수 있습니다.

[expression plus]

*Herzlichen Glückwunsch zu Ihrem Geburtstag!
= Ich gratuliere Ihnen herzlich zum Geburtstag!
*kostenlos reparieren 무상으로 수리하다
*Eintritt gratis 무료 입장

037위 여행 등을 가서 무선인터넷 사용할 곳을 찾을 때

Kann ich hier das Wi-Fi benutzen?

M: Entschuldigen Sie, kann ich hier das Wi-Fi benutzen?
F: Entschuldigung, aber wir bieten keine Wi-Fi Verbindung in diesem Café an.

*benutzen 사용하다 *entschuldigen 용서하다 *an|bieten 제공하다
*die Verbindung 연결 *das Café 커피숍

여기서 무선 인터넷을 쓸 수 있나요?

M: 실례하지만 여기서 무선 인터넷을 쓸 수 있나요?
F: 죄송하지만, 이 카페에서 무선 인터넷 연결 서비스는 제공되지 않습니다.

[해설]
독일어로 무선 인터넷 (와이파이)이라는 말은 외래어이기 때문에 중성명사를 써서 das Wi-Fi라고 쓰고 영어 그대로 와이파이라고 읽습니다. 때로는 WLAN이라는 말도 동의어로 쓰입니다. 이때는 발음을 독일어 식으로 '베란'이라고 읽습니다.

[expression plus]
*Entschuldigung. = Tut mir leid. 미안합니다/ 죄송합니다
*불규칙 동사변화 an|bieten - an|bot - angeboten
*anbieten의 과거형 angeboten에서 파생된 명사 Angebot은 파격가 상품을 뜻한다.

038위 식비 따위를 갹출해서 내고자 원할 때

Zahlen wir getrennt.

M: Heute lade ich euch ein.
F: Nein, das würde zu viel kosten.
Zahlen wir getrennt.

*ein|laden 초대하다, 한 턱 내다 *kosten 돈이 들다 *getrennt 나누어

분담해서 내자.

M: 오늘 내가 낼게.
F: 그러기엔 너한테 부담이 될 거 같아. 분담해서 내자.

[해설]
독일에서는 친한 관계에서 먼저 제안하지 않는 이상 흔히 더치페이를 합니다. 그래서 항상 영수증을 들고 온 점원이 합쳐 계산할지, 아니면 각자 나누어 계산할지 물어보죠. 각자 계산을 한다는 표현이 바로 getrennt입니다. 내가 사고 싶다면 '초대하다'라는 뜻의 동사 einladen을 쓰면 됩니다.

[expression plus]
*Zusammen oder getrennt? 함께 계산하시겠어요? 아니면 각자 계산하시겠어요?
*Zusammen, bitte. 함께 계산하겠습니다. / Getrennt bitte. 따로 계산하겠습니다.

039위 늘 이용하는 사람임을 강조할 때

Ich bin hier Stammkunde.

F: Wow, diese Kneipe ist sehr gemütlich.
M: Freut mich, dass es dir gefällt. Ich bin hier Stammkunde.

*die Kneipe 술집 *gemütlich 기분 좋은, 편한 *freuen 기쁘게 하다
*gefallen 마음에 들다

나 여기 단골이야.

F: 이 술집 분위기 진짜 좋다.
M: 맘에 든다니 다행이구나. 나 여기 단골이야.

[해설]
독일어로 '단골'이라는 말은 '손님'이라는 뜻의 Kunde와 '줄기'라는 뜻의 Stamm을 합쳐서 만든 말입니다. 여성이면 Stammkundin이라고 하고, 다른 말로는 Stammgast라고도 합니다. Kneipe는 소박하고 간소하지만 분위기가 좋은 술집을 말합니다. 독일 생활에서 이런 술집을 하나 알아 두고 단골이 되면 좋은 추억을 만들 수 있습니다.

[expression plus]
*Wie gefällt es dir hier? 여기 마음에 드니?
*(Es) freut mich sehr, dass du hier bist. 네가 여기에 와서 좋다.

040위 식당에서 팁을 줄 때

Stimmt so.

M: Das macht 46 Euro, bitte.
F: Hier sind 50 Euro. Stimmt so.
M: Vielen Dank.

*stimmen 맞다, 일치하다

거스름돈은 됐습니다.

M: 다 해서 46유로입니다.
F: 50유로입니다. 거스름돈은 됐습니다.
M: 감사합니다.

[해설]
독일에서 레스토랑이나 술집, 미용실 등 서비스(Bedienung)를 받는 곳에 가시면 팁을 내는 것이 관례입니다. 'Stimmt so.'라는 말은 '계산이 그렇게 맞다'라는 뜻으로, 팁을 더해 이 금액으로 계산하겠다는 뜻입니다. 보통 총 금액의 5~10% 정도를 지불합니다. 카드로도 팁을 낼 수 있는 경우가 많은데, 카드로 돈을 계산할 때는 영수증에 금액을 써서 제출하는 미국식과는 달리 웨이터가 영수증을 가져다주면 그 금액에 팁을 더한 금액을 말해 주어야 합니다. 경우에 따라서는 카드로 계산해도 팁은 돈으로만 받는 경우도 있습니다.

[expression plus]
*Stimmt so. = Den Rest können Sie behalten.

041위 - 060위 순위

041위 나랑 같이 갈래?

042위 그냥 둘러보는 거예요.

043위 현금으로 하시겠습니까, 현금카드로 하시겠습니까?

044위 할인 품목

045위 다른 건 필요하지 않으신가요?

046위 옷이 날개다.

047위 이건 내 스타일이 아니야.

048위 여기 옷들 너무 촌스러워.

049위 입어봐도 될까요?

050위 좀 깎아 주시겠어요?

051위 제가 생각했던 것보다 비싸요.

052위 바가지요금이네!

053위 다 팔렸습니다.

054위 영수증 필요하세요?

055위 그것은 환불해 드릴 수 없습니다.

056위 이 50유로 잔돈으로 바꿔 주시겠어요?

057위 처음 볼텐데 인사해.

058위 말씀 많이 들었어요.

059위 너 저 사람 알아?

060위 우리는 친해.

041위 Kommst du mit?

042위 Ich sehe mich nur um.

043위 Zahlen Sie bar oder mit EC Karte?

044위 Angebot

045위 Sonst noch etwas?

046위 Kleider machen Leute.

047위 Das ist nicht so mein Ding!

048위 Ich finde die Kleider hier zu altmodisch.

049위 Darf ich die Kleider anprobieren?

050위 Können Sie mir einen Rabatt gewähren?

051위 Das ist teurer, als ich dachte.

052위 Sie ist verdammt teuer!

053위 Sie sind ausverkauft.

054위 Brauchen Sie den Kassenzettel?

055위 Das können wir nicht zuräcknehmen.

056위 Können Sie mir bitte diesen Fünfziger wechseln?

057위 Darf ich vorstellen?

058위 Ich habe viel von Ihnen gehört.

059위 Kennst du den Mann da?

060위 Wir sind gut befreundet.

041위 상대방에게 함께 갈 것을 권유할 때

Kommst du mit?

F: Ich gehe einkaufen. Kommst du mit?
M: Nein, ich komme nicht mit. Ich bleibe lieber zu Hause.

*ein|kaufen 쇼핑하다, 장보다 *mit|kommen 같이 가다 *lieber 오히려 *zu Hause 집에

나랑 같이 갈래?

F: 난 쇼핑하러 갈 건데. 나랑 같이 갈래?
M: 아니 안 갈래. 나는 집에 있는 게 좋아.

[해설]

전치사 mit는 여러 동사 앞에 붙어서 '함께~'의 뜻이 더해진 동사를 만듭니다. 예를 들어 mitkommen은 '함께 가다', mitnehmen은 '가지고 가다'라는 뜻이 되죠. 주의할 점은 이렇게 전치사가 앞에 붙어 새로이 만들어진 동사들은 실제 쓰일 때 전치사가 분리가 될 때가 많다는 점입니다. 그러니 본문과 같은 간단한 문장은 머리로 생각하기보다는 바로 입으로 나올 수 있게 외워두세요.

[expression plus]

*Kommst du mit? = Willst du mitkommen?
*zu Hause 집에 nach Hause 집으로 von zu Hause 집에서부터

042위 별다른 목적 없이 구경할 때

Ich sehe mich nur um.

F: Was kann ich für Sie tun?
M: Danke, ich sehe mich nur um.

*tun 하다 *um|sehen 둘러보다 *nur 오로지, 그냥

그냥 둘러보는 거예요.

F: 손님, 도와드릴까요?
M: 아니에요, 그냥 둘러보는 거예요.

[해설]

독일은 한국과 달리, 매장에 들어온 손님에게 점원이 바로 와서 안내하지 않고 지켜보는 편입니다. 그리고 도움이 필요하다고 판단하면 본문처럼 '당신을 위해 무엇을 할 수 있을까요?'하고 말을 겁니다. 그럴 때는 굳이 nein까지 말할 필요도 없이 가볍게 고맙다 말하고 '둘러보기만 할게요'라고 말하세요. sehen 동사가 아닌 schauen 동사를 써서 'Ich schaue mich nur um.'이라고 해도 됩니다.

[expression plus]

* '도와드릴까요?'의 다른 표현도 있다.
  Kann ich Ihnen behilflich sein? = Kann ich Ihnen helfen?
* 불규칙 동사변화 um|sehen - um|sah - umgesehen
* um|sehen동사는 2인칭 단수형(du siehst um)과 3인칭 단수형(er sieht um)이 불규칙하게 변한다.

043위 결제 수단에 대해 물을 때

Zahlen Sie bar oder mit EC Karte?

F: Zahlen Sie bar oder mit EC Karte?
M: Ich zahle bar, bitte.

*zahlen 지불하다 *bar 현금의 *die EC Karte 현금카드

현금으로 하시겠습니까, 현금카드로 하시겠습니까?

F: 현금으로 하시겠습니까, 현금카드로 하시겠습니까?
M: 현금으로 지불하겠습니다.

[해설]

독일에는 아직까지도 신용카드를 받지 않는 레스토랑이나 가게가 종종 있습니다. 보통 카드로 계산할 때 흔히 쓰는 것은 EC Karte라는 현금카드로, 영어 'electronic cash'의 준말이며 '에체 카르테'라고 읽습니다. 현금으로 계산할 때는 bar라는 형용사를 써서 표현합니다. 만약 카드로 계산하고 싶다면 'Mit Karte, bitte.'라고 대답하시면 됩니다.

[expression plus]

*만약 신용카드로 계산하고 싶다면 먼저 점원에게 카드를 받는지 확인하는 것이 좋다.
Nehmen Sie Kreditkarte? 신용카드 받으시나요?
*Nur Barzahlen ist möglich. 현금만 받습니다.

044위 일정 기간 내에 물건 따위를 일정 금액 할인해서 판매할 때

Angebot

F: Schau mal, da gibt es Angebote für Kaffeemaschinen.
M: Wir haben schon eine gute Maschine. Wir brauchen keine andere.

*die Kaffeemaschine 커피머신 *brauchen 필요하다 *ander 다른

할인 품목

F: 저기 봐! 저기 커피 머신이 할인 품목으로 나왔네.
M: 우리 벌써 커피 머신이 있잖아. 살 필요 없어.

[해설]

Angebot은 독일의 모든 슈퍼와 상점에서 매일 볼 수 있는 말로, 특정 기간 동안 특정 가격에 판매하는 상품을 의미합니다. 우리 말로 쉽게 표현하자면 '할인 품목'이라고 할 수 있지요. 이런 제품들을 잘 이용하면 좋은 물건을 싼 값에 살 수 있으니 전단지나 광고를 눈여겨 보시기 바랍니다.

[expression plus]

*günstiges Angebot 가격이 괜찮은 할인 상품

045위 달리 살 것이 있는지 물을 때

Sonst noch etwas?

F: Ich hätte gern vier Wiener und ein halbes Kilo Schweinebauch.
M: Gern. Sonst noch etwas?
F: Danke, das ist alles.

*halb 반 *das Kilo(gramm) 킬로(그램) *Schweinebauch 돼지 삼겹살

다른 건 필요하지 않으신가요?

F: 비너 소시지 네 개랑 삼겹살 500그램 주세요.
M: 네. 다른 건 필요하지 않으신가요?
F: 아뇨. 이게 다예요.

[해설]
정육점이나 빵집 같은 곳에서 직접 직원과 대화하면서 물건을 사는 경우, 마지막에는 직원이 반드시 'Sonst noch etwas?'라고 묻습니다. '그 외에 또 필요한 것'이라는 말입니다. 또는 '(Ist das) Alles?'라고 묻기도 합니다. 보통 사고 싶은 것이 여러 개 있는 경우에는 한꺼번에 말한다 해도 직원이 전부 기억도 못 하는 경우도 많고, 이렇게 마지막에는 필요한 것이 있는지 다시 질문해 주므로 하나씩 느긋하게 주문하시는 편이 좋습니다.

[expression plus]
*독일에서는 보통 Kilogramm를 단위로 쓰지만 0.5 Kilogramm인 경우는 파운드를 나타내는 Pfund를 사용하기도 한다. ein halbes Kilo = 약 1 Pfund
*Wiener는 Wiener Würstchen의 줄임말이다. 비엔나의 소시지라는 말인데, 막상 비엔나를 비롯한 오스트리아 지역에서는 이 소시지를 Frankfurter라고 부른다.

046위 옷이 좋아 사람이 돋보일 때

Kleider machen Leute.

F: Der Anzug passt dir sehr gut.
Du siehst ganz gut aus.
M: Kleider machen Leute.

*der Anzug 양복 *passen 어울리다 *aus|sehen ~처럼 보이다 *das Kleid 옷
*die Leute 사람

옷이 날개다.

F: 이 양복 너한테 정말 잘 어울린다. 너 아주 멋있어 보이는데.
M: 옷이 날개야.

[해설]
독일어로 이 표현은 '옷이 사람을 만든다'라고 해석이 됩니다. 옷차림을 통해 사람이 달라 보일 수 있다는 뜻이지요. '옷이 잘 어울린다'라는 말을 할 때는 passen 동사를 씁니다. 사람의 외모가 어떻게 보이는지 표현할 때는 동사 aussehen을 쓰지요.

[expression plus]
*그 재킷은 이 바지가 어울린다. Die Jacke passt zu dieser Hose.
*Wie siehst du denn aus! 너 꼴이 그게 뭐니!

047위 자신이 추구하는 스타일이 아닐 때

Das ist nicht so mein Ding!

M: Anzüge tragen?
Das ist nicht so mein Ding!
F: Du hast keine andere Wahl.
In so einer Situation solltest du unbedingt einen Anzug tragen.

*tragen 입다 *anderer 다른 *die Wahl 선택 * die Situation 상황

이건 내 스타일이 아니야.

M: 양복을 입으라고? 이건 내 스타일이 아니야!
F: 어쩔 수 없어. 이런 상황에서는 너 꼭 양복을 입어야 돼.

[해설]

직역하면 '그건 내 것이 아니다'라는 뜻에서, 내 스타일이 아니다'라는 뜻으로 쓰이는 표현입니다. 지역에 따라서 'Das ist nicht so meins.'라고 표현하기도 합니다. 여기서 meins는 소유격 mein에 s를 붙인 형태로, 이 표현은 구어체입니다. 달리 말하면 'Das mache ich nicht gerne!' '그러고 싶지 않아!'로도 표현할 수 있습니다.

[expression plus]

*Du hast keine andere Wahl. = Dir bleibt keine andere Wahl.
*Anzug(복수형Anzüge)은 바지와 윗도리로 이루어진 정장 한 벌을 말한다.

048위 세련되지 못한 물건을 가리켜 말할 때

Ich finde die Kleider hier zu altmodisch.

M: Ich finde die Kleider hier zu altmodisch.
Sie sind nur für Ältere.
F: Okay. Gehen wir zu einem anderen Kaufhaus.

*finden ~라고 생각하다 *das Kleid 옷, 여성용 원피스 *altmodisch 촌스러운
*älter 중년의 *das Kaufhaus 백화점

여기 옷들 너무 촌스러워.

M: 여기 옷들 너무 촌스러워. 아줌마들이나 입는 옷이야.
F: 알았어. 다른 백화점 가보자.

[해설]

'촌스럽다'라는 말은 독일어로 altomodisch라고 합니다. 형용사 modisch는 '유행하고 있는'이라는 뜻인데, 그 앞에 오래되었다는 뜻의 alt가 붙어서 오래 전에 유행이 지나 촌스럽다는 뜻을 만듭니다. '중년'을 뜻하는 älter는 alt의 비교급이라 원래 뜻은 '더 나이든'이란 뜻입니다. altmodisch는 옷 뿐만 아니라 다른 상황에도 적용할 수 있습니다.

[expression plus]

*'옷'을 나타내는 말로 die Kleidung도 있다.
*Meine Eltern haben sehr altmodische Ansichten zum Thema Ehe.
우리 부모님은 결혼에 대해 아주 고리타분한 견해를 갖고 있다.

049위 옷가게에서 옷을 입어보고 싶을 때

Darf ich die Kleider anprobieren?

F: Darf ich die Kleider anprobieren?
M: Ja. Sie können in die Umkleidekabine bis zu vier Stücke mitnehmen.

*das Kleid 원피스 *an|probieren 입어보다 *die Umkleidekabine 탈의실
*das Stück 한 개, 하나 *mit|nehmen 가지고 가다

이 원피스들 입어봐도 될까요?

F: 이 원피스들 입어봐도 될까요?
M: 네. 탈의실에는 네 벌까지 가지고 들어가실 수 있습니다.

[해설]

옷가게에서 옷을 입어볼 때 쓰는 동사는 anprobieren입니다. 원래 probieren이라는 동사는 '시험삼아 해 보다'라는 뜻으로, 시식을 한다는 뜻도 있고, 옷을 입어본다는 뜻도 포함되어 있습니다. 이 동사에 전치사 an이 붙으면 '옷을 입어보다'라는 뜻이 되는 겁니다. '옷을 갈아입다'라는 동사는 sich umkleiden이고, 이 동사에서 나온 말이 탈의실 칸막이를 뜻하는 Umkleidekabine입니다.

[expression plus]

*독일어에는 물건을 셀 때 쓰는 단위명사(옷 한 벌, 책 두 권 등)가 한국처럼 자세히 발달해 있지 않고, mal 또는 Stück를 붙여서 한 개, 두 개 등으로 물건을 나타낸다.
vier Stück Brot 빵 네 개 zwei Stück Kuchen 비엔나 소시지 두 개

050위 가격 할인을 원할 때

Können Sie mir einen Rabatt gewähren?

M: Können Sie mir einen Rabatt gewähren?
F: Entschuldigung, aber das ist neu.
Ich kann Ihnen leider keinen Rabatt gewähren.

*der Rabatt 할인 *gewähren 허용하다, 주다 *leider 유감스럽지만

좀 깎아 주시겠어요?

M: 좀 깎아 주시겠어요?
F: 죄송한데 이게 신상품이에요. 안타깝지만 깎아 드릴 수 없어요.

[해설]

할인이라는 뜻의 독일어 단어는 Rabatt입니다. '할인해 주다'라는 말은 Rabatt에 동사 gewähren 또는 geben을 써서 표현합니다. 이밖에도 '가격을 할인하다'라는 동사로 reduzieren이 있습니다. 세일 기간이나 점포 정리하는 가게에는 'reduziert'라는 말이 붙어 있는데, 그게 독일어로 '세일'이라는 뜻입니다.

[expression plus]

*Der Rabatt ist nicht mit anderen Rabatten kombinierbar.
이 할인은 다른 할인과 중복하여 받을 수 없습니다. (할인쿠폰에 적혀 있는 말)
*Rabattaktion für Neukunden 신규 고객을 위한 할인 행사
*Stark reduziert! 파격 할인!

051위 예상했던 가격보다 비쌀 때

Das ist teurer, als ich dachte.

M: Dieses Besteck-Set kostet 150 Euro.
F: 150 Euro? Das ist teurer, als ich dachte.

*das Besteck 식기 *kosten ~의 가격이다 *teuer 비싼 *als ~보다
*denken 생각하다

제가 생각했던 것보다 비싸요.

M: 이 식기 세트 가격은 150 유로입니다.
F: 150 유로요? 제가 생각했던 것보다 비싸네요.

[해설]
독일어로 비교급을 만드는 방법은 보통 형용사 뒤에 -er를 붙이고 '~보다 '라는 뜻의 als를 써 주면 됩니다. 과거를 표현할 때, 일반적으로 독일어 회화에서는 현재완료형태(haben / sein + 과거분사)를 사용하고 글이나 방송에서는 과거형을 씁니다. 하지만 wissen 이나 denken 같은 동사는 회화에서도 과거형을 사용할 때가 있습니다.

[expression plus]
*Wie viel kostet das? 이건 얼마예요?
*Das kostet 150 Euro. = Das macht 150 Euro.
*teuer 비싼 ⇔ billig 싼, günstig 괜찮은 가격, 사기에 알맞은 가격인
*불규칙 동사변화 denken – dachte – gedacht

052위 너무 비싼 가격을 일컬을 때

Sie ist verdammt teuer!

M: Hast du schon mal die limitierte Edition der neuen Uhr gesehen?
Die kostet 1000 Euro! Sie ist unglaublich teuer!

F: Sie ist verdammt teuer!
Sie ist den Preis nicht wert!

*limitieren 제한하다 *die Uhr 시계 *unglaublich 믿을 수 없는 *der Preis 가격
*wert ~이 가치가 있는

바가지요금이네!

M: 새로 나온 한정판 시계 봤어? 그거1000유로래! 말도 안 되게 비싸!

F: 완전 터무니없는 가격이야! 그 가격 값도 전혀 못하면서!

[해설]

동사 verdammen은 '비난하다, 벌하다'라는 뜻입니다. 과거분사형인 verdammt는 형용사나 부사처럼 쓰이는데, 보통 '터무니없는, 굉장한'이라는 뜻이 되지요. 그래서 verdammt teuer라고 하면 '터무니없이 비싼'이라는 뜻입니다. 바로 위의 표현인 unglaublich teuer와 같은 뜻입니다.

[expression plus]

*sein 동사 + 목적어 + wert ~만한 가치가 있다. ~할 가치가 있다.
München ist eine Reise wert. 뮌헨은 여행할 만한 가치가 있다.

053위 매진되거나 품절된 상황을 표현할 때

Sie sind ausverkauft.

M: Ich hätte gerne zwei Schoko-Croissants und drei Nußschnecken.
F: Tut mir leid, Schoko-Croissants sind ausverkauft.

*die Schoko(lade) 초컬릿 *der Croissant 크로아상
*die Nußschnecke 누스슈네케(독일식 시나몬롤빵)

다 팔렸습니다.

M: 초코 크로아상 두 개랑 누스슈네케 세 개 주세요.
F: 죄송합니다. 초코 크로아상은 다 팔렸습니다.

[해설]
프랑스뿐만 아니라 독일 역시 조금 맛은 달라도 크로아상을 즐겨 먹습니다. 흔히 볼 수 있는 초코 크로아상은 크로아상 안에 누텔라 크림이 들어있지요. ausverkaufen이라는 동사는 '남김없이 팔다'라는 뜻인데, 이 동사의 과거분사형이 바로 ausverkauft로 '매진된, 다 팔린'이란 뜻입니다.

[expression plus]
*흔히 볼 수 있는 독일 빵의 종류
Brot : 포괄적으로 빵을 의미한다.
Brötchen = Semmel(남독일) : 작은 1인용 빵이다.
Kuchen : 케이크나 파이를 의미한다. Käsekuchen (독일식 치즈케이크) Apfelkuchen (사과파이)
Torte : 보통 화려한 장식이나 크림이 더해진 케이크를 말한다.

054위 슈퍼마켓 계산대에서

Brauchen Sie den Kassenzettel?

M: Brauchen Sie den Kassenzettel?
F: Nein, danke.

*brauchen 필요하다 *die Kassenzettel 영수증

영수증 필요하세요?

M: 영수증 필요하세요?
F: 아뇨. 괜찮습니다.

[해설]

슈퍼마켓에서 계산을 마치고 나면 '영수증 필요하세요?'라는 말을 항상 듣게 됩니다. 본문처럼 완벽한 문장으로 말해 줄 때도 있지만, 대부분의 경우 'Kassenzettel?'이라고 한 단어로 물어볼 때가 많습니다. 영수증을 받고 싶다면 '네, 주세요.'라는 말로 'Ja, bitte.'라고 대답하시면 됩니다.

[expression plus]

*영수증을 가리키는 말은 상당히 많다.
Kassenzettel = Beleg = Kassenbon = Quittung = Rechnung

055위 물건을 환불할 때

Das können wir nicht zurücknehmen.

M: Ich habe gestern diese Unterwäsche bei Ihnen gekauft aber sie passen mir nicht.
F: Tut mir leid, aber Unterwäsche können wir nicht zurücknehmen.

*die Unterwäsche 속옷 *passen 맞다 *zurück|nehmen 환불하다

그것은 환불해 드릴 수 없습니다.

M: 저 어제 여기서 속옷을 샀는데요. 그게 안 맞아요.
F: 죄송하지만 속옷은 환불해 드릴 수 없습니다.

[해설]

물건을 사면 교환이나 환불을 해야 할 때가 있지요. 환불을 하고 싶다면 'Ich möchte diese Unterwäsche umtauschen.'이라고 말하시거나, 본문처럼 정황을 설명하시면 됩니다. 보통 저 본문처럼 바꿀 수 없는 속옷이나 스타킹 같은 제품이 아니라면 며칠 이내에 교환이나 환불이 가능합니다.

[expression plus]

*Ich möchte diese Hose in einer anderen Größe umtauschen.
 이 바지를 다른 사이즈로 교환하고 싶습니다.
*불규칙 동사변화 zurück|nehmen - zurück|nahm – zurückgenommen

056위 잔돈을 바꾸고 싶을 때

Können Sie mir bitte diesen Fünfziger wechseln?

M: Können Sie mir bitte diesen Fünfziger wechseln?
Am besten in zwei Zwanziger und einen Zehner.
F: Okay.

*der Fünfziger 50유로 지폐 *wechseln 바꾸다 *am besten 가장 좋기로는

이 50유로 잔돈으로 바꿔 주시겠어요?

M: 이 50유로 잔돈으로 바꿔 주시겠어요?
20유로짜리 두 장이랑 10유로짜리 한 장이면 좋겠는데요.
F: 알겠습니다.

[해설]

잔돈을 바꾸고 싶다면 가게의 카운터에 가서 부탁하시면 됩니다. 본문처럼 각각의 지폐는 액수를 나타내는 숫자에 -er을 붙여서 나타내지요. 50를 나타내는 fünfzig로 50유로라는 Fünfziger, 20유로는 Zwanziger, 10유로는 Zehner라고 합니다. 돈을 바꾸어 달라고 말할 때는 '바꾸다'라는 동사로 wechseln을 씁니다.

[expression plus]

*am besten 가장 좋은 ⇔ am schlechtesten 가장 나쁜
Du fängst am besten gleich an. 너 당장 시작하는 게 제일 좋아.

057위 사람을 소개시켜 주는 상황

Darf ich vorstellen?

F: Darf ich vorstellen? Das ist Peter, mein Mitbewohner.
M: Ich freue mich Sie kennenzulernen.

*vorstellen 소개하다 *der Mitbewohner 룸메이트 *sich freuen 기쁘다
*kennenlernen 아는 사이가 되다

처음 볼텐데 인사해.

F: 처음 볼텐데 인사해. 이쪽은 내 룸메이트 페터야.
M: 만나서 반갑습니다.

[해설]
이제 서로 처음 누군가를 만나는 표현을 배워보겠습니다. 처음 만나게 되는 두 사람을 소개시킬 때, 우리말의 '처음 볼 텐데 인사하세요.'라는 말은 독일어로 '제가 소개해도 될까요?'라고 표현할 수 있습니다. 처음 만난 사람을 알게 된다는 동사로 kennenlernen이 있습니다. 이 동사는 두 단어를 붙여 쓰기도 하고 떼어 쓰기도 합니다.

[expression plus]
*Ich möchte mich Ihnen vorstellen. 제 소개를 하겠습니다.
*Stell dich mal vor. 네 소개를 해 봐.

058위 만나고 싶었던 사람을 만나 반가움을 표현할 때

Ich habe viel von Ihnen gehört.

F: Es freut mich, Sie kennenzulernen.
Ich habe viel von Ihnen gehört.
M: Freut mich auch sehr.

*sich freuen ~를 즐거워하다 *kennenlernen ~와 아는 사이가 되다 *viel 많은
*hören 듣다

말씀 많이 들었어요.

F: 만나뵙게 되어서 반가워요. 말씀 많이 들었어요.
M: 저도 만나서 반가워요.

[해설]
우리말의 '말씀 많이 들었습니다'라는 표현은 독일어로도 그대로 쓰면 됩니다. 이때, 전치사는 von을 씁니다. 'Es freut mich, Sie kennenzulernen.'는 직역하면 '당신을 알게 된 것이 나를 기쁘게 한다'로, '만나서 반갑다'라는 뜻이 됩니다. 간단하게 'Freut mich.'라고 해도 됩니다.

[expression plus]
*freuen 동사의 주된 쓰임은 이밖에도 두 가지가 더 있다.
sich freuen über ~을 기뻐하다
Ich freue mich über deinen Erfolg. 네가 성공해서 기뻐.
sich freuen auf ~을 즐겁게 기다리다
Kinder freuen sich auf Weihnachten. 아이들은 크리스마스를 즐겁게 기다린다.

059위 누군가를 아냐고 물어볼 때

Kennst du den Mann da?

F: Kennst du den Mann da?
Wer ist das?

M: Wen meinst du?
Den kleinen Mann mit blonden Haaren?

*kennen 알다 *meinen 의미하다 *klein 작은 *blond 금발의 *das Haar 머리카락

너 저 사람 알아?

F: 너 저 남자 알아? 저 사람 누구야?

M: 누구 말하는 거야? 금발머리에 키 작은 남자?

[해설]

'알다'라는 독일어 동사에는 wissen과 kennen이 있는데요. 보통 추상적인 지식을 안다고 말할 때는 wissen을, 어떤 사람이나 장소, 사물 등에 대한 구체적인 경험을 말할 때는 kennen을 씁니다. 그러니 '어떤 사람을 알다'라고 말하려면 동사 kennen으로 표현할 수 있습니다.

[expression plus]

* '머리색이 ~한 사람'이라고 말할 때는 전치사 mit로 표현한다.
  Die schlanke Frau mit den schwarzen Haaren 까만 머리의 날씬한 여자
* '~한 옷을 입은 사람'이라고 표현할 때는 전치사 in을 쓴다.
  Der große Mann in der gelben Hose und dem weißen Hemd
  노란 바지에 흰 색 셔츠를 입은 키 큰 남자

060위 어떤 사람과의 친분을 얘기할 때

Wir sind gut befreundet.

F: Kennst du Monika?
M: Natürlich. Wir sind gut befreundet.
Wir sind zum selben Gymnasium gegangen.

*befreunden 친분을 맺다 *selber 동일한
*das Gymnasium 김나지움(독일의 중고등학교에 해당) *gehen 가다

우리는 친해.

F: 너 모니카랑 아는 사이야?
M: 그럼, 우리는 친해. 같은 김나지움 다녔거든.

[해설]
'친하다'라는 표현은 동사 befreunden의 과거분사형인 befreundet을 씁니다. 친밀함을 더 강조하고 싶다면 본문처럼 befreundet 앞에 gut이나 '가까운, 밀접한'이란 뜻의 eng을 붙이면 됩니다.

[expression plus]
*Wir sind gut befreundet. = Wir sind eng befreundet.
*Ich kenne ihn nur vom Sehen. 그 남자와는 얼굴을 아는 정도의 사이이다.
*Ich kenne sie nicht persönlich. 그 여자와 개인적으로 아는 사이는 아니다.

061위 - 080위 순위

061위 혹시 우리 전에 어딘가에서 만난 적 없나요?

062위 나 몇 살로 보여?

063위 너 페이스북 해?

064위 개인적인 질문 해도 되니?

065위 그 동안 하나도 안 변했구나.

066위 우리 말 놓을까?

067위 계속 연락하고 지내자.

068위 네가 무척 그리울 거야.

069위 우리집에 놀러와.

070위 지금 가고 있어.

071위 너무 오래 기다리게 해서 미안해.

072위 늦어서 미안해.

073위 기다리는 거 아무 소용 없어.

074위 어서 오세요.

075위 오고 싶을 땐 언제든지 놀러와.

076위 목마르니?

077위 잘 먹겠습니다!

078위 맛있겠다!

079위 맛이 아주 좋아.

080위 한 입만 줄래?

061위 Haben wir uns nicht schon mal irgendwo gesehen?

062위 Wie alt schätzt du mich?

063위 Bist du bei Facebook?

064위 Darf ich dir eine persönliche Frage stellen?

065위 Du hast dich kaum verändert.

066위 Wollen wir uns duzen?

067위 Bleiben wir in Kontakt.

068위 Du wirst uns sehr fehlen!

069위 Ich würde dich gerne bei mir zum Kaffee einladen.

070위 Ich bin unterwegs.

071위 Tut mir leid, dass du so lange warten musst.

072위 Entschuldige für die Verspätung.

073위 Es hat keinen Sinn, auf ihn zu warten.

074위 Herzlich willkommen.

075위 Du kannst uns jederzeit besuchen.

076위 Hast du Durst?

077위 Guten Appetit!

078위 Es sieht sehr lecker aus.

079위 Der schmeckt sehr lecker.

080위 Darf ich einen Bissen nehmen?

061위 어딘가에서 본적이 있는 듯한 사람을 보았을 때

Haben wir uns nicht schon mal irgendwo gesehen?

M: Haben wir uns nicht schon mal irgendwo gesehen?
F: Nein, das kann nicht sein. Ich bin zum ersten Mal in Berlin.

*irgendwo 어디선가 *zum ersten Mal 처음으로

혹시 우리 전에 어딘가에서 만난 적 없나요?

M: 혹시 우리 전에 어딘가에서 만난 적 없나요?
F: 아뇨, 그럴 리 없어요. 저는 베를린에 처음 왔거든요.

[해설]

'어디서 많이 뵌 것 같은데요.'라고 말하려면 독일어로 '우리 전에 본 적 없나요?'라고 물으면 됩니다. 또는 '우리 이미 만난 적이 있나요?'라는 뜻으로 'Sind wir uns schon mal begegnet?'이라고 물을 수도 있습니다.

[expression plus]

*Ich habe Sie schon mal irgendwo gesehen. 어디에선가 당신을 본 적이 있습니다.
*Das kann nicht sein. ⇔ Kann sein. 그럴 수도 있지요.

062위 상대방에게 나이를 가늠해 보라 할 때

Wie alt schätzt du mich?

F: Wie alt schätzt du mich?
Rate mal, wie alt ich bin!
M: Ich würde sagen, dass du ungefähr 20 Jahre alt bist.

*schätzen 어림잡다 *raten 추측하다 *ungefähr 대략 *das Jahr 년

나 몇 살로 보여?

F: 나 몇 살로 보여? 몇 살인지 맞춰 봐!
M: 글쎄, 내가 보기에 넌 한 스무 살 정도일 것 같아.

[해설]

이 표현은 동양 사람의 나이를 잘 가늠하지 못하는 서양인들과 친해질 때 쓸 수 있는 재미있는 표현입니다. 동사 schätzen은 '평가하다, 어림짐작하다'라는 뜻으로, 본문의 문장을 직역하면 '너는 나를 몇 살이라고 짐작하느냐?'라는 뜻이죠. 아래에 바로 이어진 표현 역시 몇 살인지 맞춰보라는 똑같은 의미입니다.

[expression plus]

*Wie alt bist du? 너 몇 살이야?
*ein Rätsel raten 수수께끼를 풀다

063위 SNS를 하는지 물을 때

Bist du bei Facebook?

M: Bist du bei Facebook?
F: Ja klar, wer denn nicht?

너 페이스북 해?

M: 너 페이스북 해?
F: 그럼 당연하지. 요즘 안 하는 사람이 어딨어?

[해설]
독일의 많은 학생들은 페이스북을 합니다. 그런데 포스팅을 하기보다는 주로 서로 채팅창을 통해 연락을 주고받는 용도로 많이 활용하지요. 페이스북을 하느냐는 표현은 전치사 bei를 써서 표현합니다. 같은 방법으로 'Bist du bei Twitter?' 또는 'Bist du bei Instagram?'이라고 말할 수 있습니다.

[expression plus]
∗Bist du bei WhatsApp? 너 왓츠앱 쓰니? (독일에서 가장 널리 사용하는 메시지 앱)

064위 개인적인 질문을 하고 싶을 때

Darf ich dir eine persönliche Frage stellen?

M: Darf ich dir eine persönliche Frage stellen?
F: Hmm. Was für eine? Geht es um meinen Freund?

*persönlich 개인적인 *die Frage 질문 *stellen 세우다, 놓다

개인적인 질문 해도 되니?

M: 개인적인 질문 해도 되니?
F: 음. 뭘 알고 싶은 건데? 내 남자친구에 대해서?

[해설]

여러 면에서 개인의 사생활을 존중하는 유럽 문화권에서는 한국이라면 물어볼 수 있는 질문도 할 수 없는 경우가 많습니다. 그러니 조금이라도 개인적인 내용이라고 생각할 때는 먼저 물어도 되는지 허락을 구하는 것이 좋습니다. '질문을 하다'라는 표현은 eine Frage stellen이라고 합니다.

[expression plus]

*Es geht um ~ ~에 내한 것이다. ~가 문제이다.
Es geht ums Geld. 돈 문제이다.
*Was für ~? 어떤, 무슨~ 인데?
Was für ein Student bist du? 넌 어떤 유형의 학생이니?

065위 오랜만에 만난 사람의 모습이 과거 큰 변화가 없거나 그렇게 보인다고 칭찬의 의도로 말할 때

Du hast dich kaum verändert.

M: Lange Zeit nicht gesehen!
Du hast dich kaum verändert.

F: Heißt das, ich sehe jung aus?
Ich fühle mich geschmeichelt.

*kaum 거의 ~않다 *verändern 바꾸다 *heißen 뜻하다, 의미하다
*sich fühlen ~한 기분이 들다 *schmeicheln 기쁘게 해 주다

그 동안 하나도 안 변했구나.

M: 오랜만이다! 그 동안 하나도 안 변했구나.

F: 젊어 보인다는 뜻이야? 그 말 들으니 좋네.

[해설]

'하나도 안 변했구나'라고 말하고 싶으면 '바꾸다'라는 동사 verändern에 재귀대명사 sich를 붙여 '바뀌다'라는 동사를 만든 다음 kaum을 넣어 표현하면 됩니다. 동사 schmeicheln의 과거분사 geschmeichelt은 '좋은 말을 들어 기분이 좋은'이란 뜻이므로 이 표현은 '너의 말로 내 기분이 좋아졌다'라는 뜻이 됩니다.

[expression plus]

*heißen 동사의 기본적인 뜻은 '이름이 ~이다'라는 뜻이지만, das heißt라는 구문으로 '말하자면, ~라는 말이다'라는 의미로도 많이 쓰인다.

*Ich fühle mich 형용사 : ~한 기분이야.
Ich fühle mich traurig. 나 슬퍼.
Ich fühle mich gedrückt. 답답해.

066위 존대말 말고 말을 놓고 싶을 때

Wollen wir uns duzen?

M: Wollen wir uns duzen?
F: Gern.

*wollen ~을 원하다 *gern(e) 좋은, 기꺼운

우리 말 놓을까?

M: 우리 말 놓을까?
F: 그러자.

[해설]
독일어에는 우리말 존대 개념과 비슷하게 duzen과 siezen이라는 어법이 있습니다. 하지만 우리말 어법과는 쓰임이 다릅니다. 우리말이 지위와 나이를 기준으로 반말과 존대말을 나눈다면, 독일어는 친밀도를 기준으로 duzen과 siezen을 나눕니다. 그래서 duzen을 쓸 수 있는 대상은 가족, 친지, 친구, 그리고 16세 미만의 어린이와 청소년입니다. 예를 들면, 교회에서는 신과 인간과의 관계를 친밀하다고 보기 때문에 신을 부를 때도 Du Gott이라 부르며 duzen을 씁니다. 보통 20대의 젊은 사람들끼리는 처음 만날때부터 자연스럽게 duzen을 쓰기도 하죠. Siezen은 duzen을 쓰는 이들에 해당하지 않고 어느 정도 예의를 지켜야 하는 직장동료 등 사무적인 관계에 씁니다. 교수도 당연히 학생에게 siezen을 씁니다. 그러니 어떤 말을 써야 할지 알 수가 없다면 먼저 siezen을 쓰고, 친해졌다는 생각이 들고 본인이 제안해도 되는 상황이라면 먼저 본문의 표현대로 duzen을 쓰자고 제안하면 됩니다.

067위 친구끼리 지속적인 교류 및 관계유지를 원하며

Bleiben wir in Kontakt.

M: Das ist meine Handynummer.
Bleiben wir in Kontakt.
F: Okay. Ich melde mich bei dir.

*die Handynummer 휴대전화번호 *bleiben 유지하다 *der Kontakt 관계
*sich melden 소식을 알리다

계속 연락하고 지내자.

M: 이게 내 전화번호야, 계속 연락하고 지내자.
F: 그래, 연락할게.

[해설]

독일어로 '~하자'라고 말하고 싶으면 '우리'라는 뜻의 인칭대명사 wir로 시작하는 문장에서 의문문처럼 동사를 wir 앞으로 순서를 바꿔주면 됩니다. bleiben in Kontakt은 '관계를 유지하다'라는 의미로 계속 연락을 하자는 뜻이죠. '~에게 연락하다'라는 표현은 조금 복잡하게 sich melden이라는 동사를 쓰고 연락받을 사람 앞에 전치사 bei를 씁니다.

[expression plus]

*Ich stehe gerne in Kontakt mit verschiedenen Leuten.
나는 다양한 사람들과 연락하는 걸 좋아한다.
*Melde dich bei mir. 연락 줘.

068위 서로 헤어지는 상황에서

Du wirst uns sehr fehlen!

F: Mach's gut! Bis nächstes Mal!
M: Tschüß, Anna! Du wirst uns sehr fehlen!

*Tschüß! 잘 가! *fehlen 그리워하다

네가 무척 그리울 거야.

F: 잘 있어! 다음에 또 보자!
FM: 잘 가, 안나! 우리는 네가 무척 그리울거야.

[해설]

동사 fehlen에는 여러가지 뜻이 있습니다. 그 중 하나가 바로 '그리워하다'라는 뜻인데요. 우리말 어순과는 다르게 그리움의 대상이 되는 존재가 주어가 되고, 그리워하는 사람이 여격(mir, uns 등)에 놓입니다. 그래서 '우리는 네가 그리워'라고 말하려면 'Du fehlst uns.'가 되고, '~할 것이다'라는 미래 시제의 동사 werden을 쓰면 'Du wirst uns sehr fehlen.'가 됩니다.

[expression plus]

*Tschüß! = Ciao! (이탈리아어이지만 독일어에서는 헤어질 때 인사말로 쓰인다)
*Mach's gut은 mach es gut의 줄임말로 '잘 있어!' 또는 '몸 조심히 잘 지내'라는 뜻이 있다.

069위 친구를 초대할 때

Ich würde dich gerne bei mir zum Kaffee einladen.

F: Hast du dieses Wochenende frei?
Ich würde dich gerne bei mir zum Kaffee einladen.

M: Hört sich gut an! Wann soll ich zu dir kommen?

*das Wochenende 주말 *frei 자유로운 *der Kaffee 커피
*sich anhören ~한 느낌을 주다

우리집에 놀러와.

F: 너 주말에 시간 있어? 우리집에 커피 마시러 와.

M: 좋지! 언제 갈까?

[해설]

'우리 집에 놀러와'라고 말하고 싶다고 해서 '놀다'라는 동사 spielen을 쓰면 안 됩니다. 이것은 게임이나 스포츠, 악기연주 등의 활동을 할 때 쓰는 동사이기 때문입니다. 보통 우리가 의미하는 '놀다'라는 개념은 같이 모여 이야기를 나누고 시간을 보내는 경우가 많기 때문에 이럴 때는 집에 초대해서 커피나 차를 대접하겠다고 말하는 것이 맞습니다. 커피가 아니라 차, 술 등의 말을 상황에 따라 적당히 넣으면 됩니다.

[expression plus]

*Hört sich gut an! = Das hört sich gut an!
*Schönes Wochenende! 주말 잘 보내!

070위 친구와의 약속에 늦었을 때

Ich bin unterwegs.

M: Wo bist du denn? Du bist spät!
F: Ich bin unterwegs. Ich gehe so schnell wie möglich.

*spät 늦은 *unterwegs 가는 길에, 집밖에 *schnell 빠른 *möglich 가능한

지금 가고 있어.

M: 어디야? 너 늦었어!
F: 지금 가고 있어. 최대한 빨리 갈게.

[해설]
'지금 가고 있어'라고 말하고 싶다면 unterwegs라는 말을 써서 '지금 가는 길이야'라고 표현하면 됩니다. 독일어의 형용사는 그대로 부사로도 쓰이기 때문에 schnell은 '빠른, 빨리'라는 뜻이 됩니다. 그 뒤에 wie möglich라는 말을 붙이면 '최대한 빨리'라는 말이 되지요.

[expression plus]
*Du bist spät! = Du bist spät dran!
*so schnell wie möglich = so bald als möglich 가능한 한 빨리

071위 기다리는 상대방에게 양해를 구할 때

Tut mir leid, dass du so lange warten musst.

F: Wie lange muss ich noch warten?
M: Tut mir leid, dass du so lange warten musst.
Ich komme gleich.

*lange 오랜 *warten 기다리다 *gleich 곧

너무 오래 기다리게 해서 미안해.

F: 얼마나 기다려야 돼?
M: 너무 오래 기다리게 해서 미안해. 금방 갈게.

[해설]
약속시간에 늦는 일은 없어야겠지만, 피치 못할 사정이 있을 때는 기다리는 상대방에게 사과를 해야겠죠. '기다리다'라는 동사는 warten입니다. 본문에는 나와 있지 않지만, '~를 기다리다'라고 말하려면 전치사 auf를 써서 표현합니다.

[expression plus]
*Warten Sie bitte eine Augenblick! 잠시만 기다려 주시기 바랍니다.
*Wir warten auf dich. 우리는 너 기다리고 있어.

072위 늦어서 사과할 때

Entschuldige für die Verspätung.

M: Entschuldige für die Verspätung.
Ich bin ganz plötzlich eingeschlafen.
F: Kannst du nicht pünktlich sein?
Hat dir das keiner beigebracht?

*die Verspätung 지각 *plötzlich 갑자기 *ein|schlafen 잠이 들다
*pünktlich 시간을 엄수하는 *bei|bringen 기르치다

늦어서 미안해.

M: 늦어서 미안해. 깜빡 잠들었어.
F: 넌 시간 약속 좀 지킬 수 없니? 그런 것 안 배웠어?

[해설]

entschuldigen의 뜻은 '용서하다'라는 뜻이며, 용서할 내용은 전치사 für 뒤에 붙입니다. 그러므로 Entschuldige für die Verspätung을 해석하면 '지각을 용서하라'라는 부탁의 의미로 '늦어서 미안해'라는 뜻이 됩니다. '시간을 잘 지키다'라는 말을 하려면 형용사 pünktlich로 표현할 수 있지요.

[expression plus]

*einschlafen는 잠에 빠지는 과정을 나타내고 schlafen는 자고 있는 상태를 나타내는 동사다.
*Hat dir deine Mama keine Manieren beigebracht?
너희 어머니는 너 예절 교육도 안 시키셨니?
= 넌 그런 것도 집에서 안 배웠니?
*Nächstes Mal bitte pünktlicher! 다음에는 좀 더 시간을 지키도록 해!

073위 상황을 끝맺고 싶을 때

Es hat keinen Sinn, auf ihn zu warten.

M: Warum ist er noch nicht angekommen?
Ich habe ihm klar und deutlich gesagt, dass wir uns um 19 Uhr treffen.

F: Es ist schon 20 Uhr. Es hat keinen Sinn, auf ihn zu warten.
Fangen wir an zu essen.

*ankommen 도착하다 *deutlich 분명히 *sich treffen 만나다 *der Sinn 의미
*an|fangen 시작하다

기다리는 거 아무 소용 없어.

M: 얘 왜 아직도 안 오지? 분명히 우리 7시에 만난다고 말 했는데.

F: 벌써 8시야. 기다리는 거 아무 소용 없어. 먼저 밥 먹자.

[해설]

명사 Sinn에는 아주 많은 뜻이 있는데, es hat keinen Sinn이라는 표현에서는 '의미'라는 뜻으로 쓰여서 '~하는 것은 아무런 의미가 없다'라는 표현을 만듭니다. 여기서 es는 아무런 의미가 없고, 뒤에 나오는 auf ihn zu warten 부분이 주어 부분에 가기에는 너무 길기 때문에 뒤로 보내는 대신 주어 자리를 채워 주는 역할을 하도록 쓴 것입니다.

[expression plus]

*klar und deutlich 분명히, 똑똑히
*treffen 우연히 마주치다 ≠ sich treffen (약속을 하고) 만나다
*불규칙 동사변화 treffen – traf – getroffen
*불규칙 동사변화 an|fangen - an|fing - angefangen

074위 초대한 손님을 맞으면서 하는 말

Herzlich willkommen.

M: Herzlich willkommen.
Ich freue mich über Ihren Besuch.
F: Vielen Dank für Ihre Einladung!

*herzlich 진심으로 *willkommen 환영하는 *sich freuen 기쁘다 *der Besuch 방문
*die Einladung 초대

어서 오세요.

M: 어서 오세요. 잘 오셨어요.
F: 초대해 주셔서 감사합니다!

[해설]

우리말의 '어서 오세요'에 해당하는 말은 바로 'Herzlich willkommen.'입니다. 그리고 '잘 오셨어요'라는 말을 하려면 '~을 기뻐하다'라는 동사 sich freuen über을 사용해서 '당신의 방문에 제가 기쁩니다'라고 표현하면 됩니다. 본문의 대화는 손님이 도착했을 때 흔히 나누는 대화이니 잘 알아두세요.

[expression plus]

*Herzlich willkommen! = Sei willkommen! = Willkommen bei uns!
*Besuch는 '손님'이라는 뜻도 있다. Heute habe ich Besuch. 오늘은 나 손님이 있어.

075위 헤어지면서 앞으로도 부담 없이 놀러 오라고 권할 때

Du kannst uns jederzeit besuchen.

F: Es war wunderschön euch wiederzusehen!
M: Du kannst uns jederzeit besuchen.
Du bist immer willkommen.

*wunderschön 비길 데 없이 아름다운 *wieder|sehen 다시 만나다 *jederzeit 언제나
*besuchen 방문하다 *immer 언제나

오고 싶을 땐 언제든지 놀러와.

F: 다시 봐서 정말 즐거웠어.
M: 오고 싶을 땐 언제든지 놀러와. 언제든 대환영이야.

[해설]

언제든지 놀러오라고 말하고 싶다면 본문의 두 표현처럼 '너는 언제나 우리를 방문할 수 있다'는 뜻의 'Du kannst uns jederzeit besuchen.'이라고 말하거나 '너는 항상 환영이다'라고 말하면 됩니다. 두 표현이 결국 같은 의미이지요.

[expression plus]

*jederzeit = immer = auf jeden Fall

076위 목이 마를 때

Hast du Durst?

F: Hast du Durst?
Soll ich dir ein Glas Saft eingießen?
M: Nein, danke.
Ich hole mir selber Milch aus dem Kühlschrank.

*der Durst 목마름 *der Saft 주스 *ein|gießen 따르다 *holen 꺼내다
*der Kühlschrank 냉장고

목마르니?

F: 목마르니? 내가 주스 한 잔 따라줄까?
M: 아냐, 괜찮아. 내가 직접 냉장고에서 우유 꺼내 마실게.

[해설]
목이 마르다는 표현은 '갈증을 가졌다'라고 표현합니다. 그래서 '나 목말라'라고 말하려면 'Ich habe Durst.'라고 표현하지요. bekommen 동사를 쓸 수도 있습니다. 심한 갈증은 starken Durst라고 표현하고, 갈증을 느낀다는 표현은 Durst verspüren이라고 합니다.

[expression plus]
*Darf ich Ihnen Kaffe eingießen? 커피 따라드릴까요?
*불규칙 동사변화 ein|gießen - ein|goss – eingegossen

077위 식사를 할 때

Guten Appetit!

F: Lasst es euch schmecken!
M: Guten Appetit!
F: Ah, lass uns zuerst anstoßen!
M: Okay. Zum Wohl!

*schmecken 맛있다 *der Appetit 식욕 *lassen ~하게 하다 *zuerst 먼저
*an|stoßen 건배하다

잘 먹겠습니다!

F: 맛있게 먹어!
M: 잘 먹을게!
F: 아, 먼저 건배하자.
M: 좋지, 건배!

[해설]

Lasst es euch schmecken!이란 말은 직역하면 '너희의 입맛에 맞기를!'이란 뜻입니다. 그러니 맛있게 먹으라는 우리말의 의미와 비슷하지요. '잘 먹겠습니다!'라는 말은 독일어로 'Guten Appetit!'라고 합니다. 건배를 할 때 쓰는 말은 'Zum Wohl!' 또는 'Wohl bekomms!'라고 하고, 격의없는 표현으로는 'Prost!' 역시 많이 씁니다.

[expression plus]

*Worauf wollen wir anstoßen? 무엇을 위하여 건배할까?
*Auf unsere Zukunft wollen wir anstoßen! 우리의 미래를 위하여 건배하자!
*불규칙 동사변화 an|stoßen - an|stieß - angestoßen

078위 식욕이 날 때

Es sieht sehr lecker aus.

M: Es riecht sehr gut. Es sieht sehr lecker aus.
F: Hoffentlich schmeckt es dir.

*riechen 냄새가 나다 *lecker 맛있는 *hoffentlich 희망적인
*schmecken ~한 맛이 나다

맛있겠다!

M: 와, 냄새 죽인다. 맛있겠다!
F: 네 입에 맞았으면 좋겠다.

[해설]

'맛있는'이라는 형용사는 독일어로 lecker나 gut을 씁니다. '~해 보인다'라는 동사 aussehen을 쓰면 '맛있어 보인다'라는 뜻이 되지요. schmecken 동사는 뒤에 나오는 형용사에 따라 맛있다면 'es schmeckt gut', 맛이 없으면 'es schmeckt nicht (gut)', 쓰다면 'es schmeckt bitter' 등으로 표현할 수 있습니다.

[expression plus]

*불규칙 동사변화 riechen – roch – gerochen
*riechen nach ~한 향이 난다.
Es riecht nach Blumen. 꽃향기가 난다.

079위 음식의 맛이 매우 맛있을 때

Der schmeckt sehr lecker.

F: Ich habe diesen Kuchen selbst gebacken.
Wie schmeckt er?
M: Der schmeckt sehr lecker.
Kann ich mehr haben?

*der Kuchen 케이크 *selbst 직접 *backen 굽다 *schmecken ~한 맛이 나다

맛이 아주 좋아.

F: 이거 내가 만든 케이크야. 맛이 어때?
M: 맛이 아주 좋아. 더 먹어도 돼?

[해설]

'맛있다'라는 뜻으로 가장 많이 쓰이는 말은 바로 lecker입니다. 'schmeckt gut'과 같은 뜻이죠. 독일의 레스토랑에서 식사를 하다 보면 종업원이 계산 전 다 먹은 접시를 치워주면서 항상 'Schmeckt gut?'이라고 물어봅니다. 그럴 때는 'Ja, sehr lecker!'라고 가볍게 대답해 주세요.

[expression plus]

*불규칙 동사변화 backen – backte 또는 buk – gebacken
*독일어로 케이크는 Kuchen, 비스킷은 Keks, 쿠키 종류는 Plätzchen 또는 Gebäcken, 젤리는 Gummi, 특히 잘 알려진 곰 모양 젤리는 Gummibärchen이라고 한다.

080위 배가 고프거나 맛있는 음식을 보고 식욕이 돌았을 때

Darf ich einen Bissen nehmen?

M: Ich sterbe vor Hunger.
Darf ich einen Bissen nehmen?
F: Nein, wir müssen auf die anderen Leute warten.

*sterben 죽다 *der Hunger 배고픔 *der Bissen 한 입, 소량 *nehmen 얻다
*die Leute 사람들

한 입만 줄래?

M: 나 배고파 죽겠어, 한 입만 줄래?
F: 안 돼. 사람들이 다 오면 먹어야 돼.

[해설]

'배고프다'라는 표현은 Hunger haben이라고 표현합니다. 그런데 너무 배가 고프다는 말을 하고 싶으면 '죽다'라는 동사 sterben을 써서 vor Hunger sterben이라고 쓸 수도 있습니다. 한 입만 달라는 말은 '한 입만 얻을 수 있을까?'라고 표현하여 'Darf ich einen Bissen nehmen?'이라고 합니다.

[expression plus]

*불규칙 동사변화 nehmen – nahm - genommen
*nehmen동사는 2인칭 단수형(du nimmst)과 3인칭 단수형(er nimmt)이 불규칙하게 변한다.

081위 - 100위 순위

081위 맛이 좀 밍밍해.
082위 벌써 김이 빠졌어.
083위 두 말하면 잔소리지.
084위 맘껏 드세요.
085위 밥 맛 떨어지네.
086위 속이 안 좋아.
087위 살 빼야겠어.
088위 뱃살 좀 빼고 싶어.
089위 잠시만 기다리세요.
090위 지금 전화 받기 곤란하니?
091위 전화 잘못 거셨습니다.
092위 핸드폰을 꺼 주세요.
093위 당신 핸드폰 울려요.
094위 요즘 바빠 죽을 지경이야.
095위 너 살아있었구나!
096위 시간 가는 줄 몰랐네.
097위 괜한 걱정했네요.
098위 내게 고마워할 것까지는 없어요.
099위 미안해할 것까지는 없어요.
100위 내가 당신을 오해했어요.

081위 Ein bisschen fade.

082위 Das ist schon schal.

083위 Da sage ich nicht Nein!

084위 Bitte bedienen Sie sich!

085위 Mir ist der Appetit vergangen.

086위 Ich habe Magenschmerzen.

087위 Ich muss abnehmen.

088위 Ich möchte meinen Speckbauch loswerden.

089위 Einen Moment, bitte.

090위 Störe ich gerade?

091위 Sie sind falsch verbunden.

092위 Bitte schalten Sie Ihr Handy aus.

093위 Ihr Handy klingelt.

094위 Ich stecke bis über beide Ohren in Arbeit.

095위 Sag mal, gibt's dich noch?

096위 Ich habe kaum bemerkt, wie die Zeit vergeht.

097위 Ich habe mir unnötigerweise Sorgen gemacht.

098위 Nichts zu danken.

099위 Nichts zu entschuldigen.

100위 Ich habe Sie missverstanden.

081위 음식 따위가 제 맛이 나지 않고 싱거울 때

Ein bisschen fade.

F: Probier bitte mal die Gemüsesuppe.
Wie schmeckt sie?

M: Nicht schlecht, aber ein bisschen fade.

*probieren 맛보다, 시험하다 *die Gemüsesuppe 야채수프 *schlecht 나쁜
*fade 싱거운

맛이 좀 밍밍해.

F: 이 야채수프 맛좀 봐봐. 어때?

M: 나쁘지 않지만, 좀 밍밍하다.

[해설]

fade라는 뜻은 양념이 제대로 되어 있지 않아서 맛이 느껴지지 않는다는 뜻입니다. 우리말의 '싱겁다'에 해당하는 말이지요. 독일인들은 음식을 상당히 짜게 먹는 편인데, 이런 표현을 듣는다면 소금과 후추를 더 쳐 보세요. 이 표현은 사람에게도 쓸 수 있는데요, ein fader Mensch이라고 하면 '지루한 사람'이라는 뜻이 됩니다.

[expression plus]

*Wie schmeckt die Suppe? 수프 맛이 어때?
Zu salzig! 너무 짜!

082위 탄산음료의 김이 빠졌을 때

Das ist schon schal.

F: Warum trinkst du das Bier nicht?
Magst du kein Bier?
M: Doch, aber das ist schon schal.

*trinken 마시다 *das Bier 맥주 *schal 김 빠진

벌써 김이 빠졌어.

F: 왜 맥주 안 마셔? 안 좋아해?
M: 아니, 좋아하지만 벌써 김이 빠졌어.

[해설]

음료수나 맥주에 김이 빠지거나 더 이상 신선한 맛이 없을 때를 표현하는 형용사로는 schal이 있습니다. 그래서 '김 빠진 맥주'라는 말은 schales Bier라고 하면 되죠. 그리고 부정의문문으로 물어 봤을 때 긍정의 대답을 할 때는 ja가 아니라 doch를 씁니다. 독일어를 처음 배우는 분들은 doch의 용법이 까다롭기 때문에 잘 알아두시는 게 좋습니다.

[expression plus]

*앞 글자가 대문자인 명사 Schal은 '여성용 스카프'라는 뜻이다.
*불규칙 동사변화 trinken – trank – getrunken

083위 쓸데없이 자질구레한 말을 늘어놓을 필요 없이 만족스러울 때

Da sage ich nicht Nein!

M: Willst du noch eine Kugel Eis?
F: Da sage ich nicht Nein!
Das schmeckt sehr lecker!

*die Kugel 구, 공 *das Eis 얼음, 아이스크림 *sagen 말하다 *lecker 맛있는

두 말하면 잔소리지!

M: 아이스크림 하나 더 먹을래?
F: 두 말하면 잔소리지! 진짜 맛있다!

[해설]

우리말로 '두말하면 잔소리지'라는 표현은 'Da sage ich nicht Nein.'입니다. 독일어로 직역하자면 '거기에 대해서는 난 거절하지 않는다'라는 뜻입니다. 바꿔 말하면 어느 때이든 항상 받아들인다는 뜻이죠. 여기서는 아이스크림이라면 언제든 환영하며 먹을 수 있다는 의미가 되겠습니다.

[expression plus]

*보통 독일에서는 아이스크림을 숟가락으로 동그랗게 퍼낸 뒤 콘이나 컵에 담아 준다. 그래서 동그랗게 퍼낸 아이스크림을 Kugel이라고 센다.

084위 초대한 사람들에게 편하게 그리고 많이 드시라고 할 때

Bitte bedienen Sie sich!

F: Bitte bedienen Sie sich!
Möchten Sie mehr essen?
M: Nein, danke.
Alle Gerichte schmecken sehr gut, aber ich bin schon satt.

*sich bedienen 알아서 음식을 먹다 *das Gericht 요리 *satt 배부른

맘껏 드세요.

F: 맘껏 드세요. 좀 더 드실래요?
M: 아뇨, 괜찮습니다. 모든 음식이 정말 맛있지만 저는 벌써 배가 불러요.

[해설]

동사 bedienen의 여러 뜻 중 하나로 '식사 자리에서 시중들다'라는 것이 있습니다. 그런데 재귀대명사 sich가 붙으면 자신에게 시중드는 것이 되므로 '직접 먹다'라는 의미가 있는 것이죠. 이 말이 식탁에서 쓰이면 마음 편하게 마음껏 먹으라는 뜻이 됩니다.

[expression plus]

*Bitte bedienen Sie sich! = Greifen Sie bitte zu!
*Gericht는 또 다른 뜻으로 '법원', '재판'이라는 뜻이 있다.
vor Gericht kommen 법정에 서다

085위 마음에 들지 않는 어떤 대상으로 인해 식욕이 떨어질 때

Mir ist der Appetit vergangen.

F: Argh, was stinkt hier so?
Es riecht schrecklich!
M: Ja, mir ist der Appetit vergangen.
Suchen wir uns einen anderen Platz.

*stinken 악취가 나다 *riechen ~한 냄새가 나다 *schrecklich 끔찍한
*vergehen 사라지다 *der Platz 장소

밥 맛 떨어지네.

F: 윽, 이게 무슨 냄새야! 심한 악취가 나는군!
M: 그러게, 밥 맛 떨어지네. 다른 데 가서 앉자.

[해설]
'밥 맛 떨어지다'라는 말은 독일어로 '나한테는 식욕이 사라져버렸다'라고 표현할 수 있습니다. 그래서 식욕이라는 뜻의 명사 Appetit와 '사라지다'라는 뜻의 동사 vergehen로 과거를 뜻하는 현재완료시제를 써서 문장을 만들면 됩니다. 보통 현재완료에는 haben 동사를 쓰지만 vergehen처럼 sein 동사를 쓰는 동사들이 있으니 잘 외워두세요.

[expression plus]
*nach ~ riechen ~한 냄새가 난다
Er riecht nach Schweiß. 그는 땀냄새가 난다.
*불규칙 동사변화 riechen – roch – gerochen
*불규칙 동사변화 vergehen – verging – vergangen

086위 소화가 되지 않아 더부룩하고 불편할 때

Ich habe Magenschmerzen.

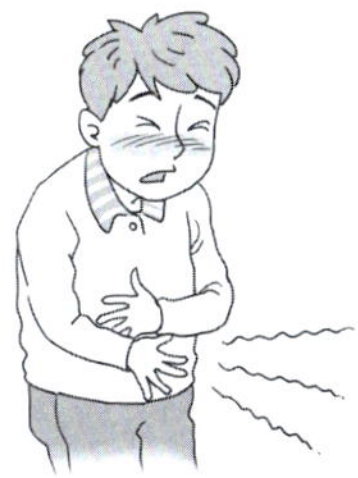

F: Geht's dir gut?
Du siehst schlecht aus. Was ist los?

M: Ich habe seit dem Mittagessen Magenschmerzen.
Vielleicht habe ich zu viel gegessen.

*aus|sehen ~처럼 보이다 *schlecht 나쁜 *seit ~이래로 *das Mittagessen 점심식사
*die Magenschmerzen 위통

속이 안 좋아.

F: 너 괜찮아? 너 얼굴이 안 좋아보여. 무슨 일이야?

M: 점심 이후로 속이 안 좋아. 점심 때 너무 많이 먹었나 봐.

[해설]

'속이 좋지 않다'라는 말은 즉 다소간 복통이 있다는 뜻이죠. 독일어로는 '위'를 뜻하는 Magen에 '통증'이라는 뜻의 Schmerz를 붙여서 '복통'이라는 단어인 Magenschmerzen을 만듭니다. 이렇듯 명사 Schmerz와 각 신체 부위를 합쳐서 각각의 통증을 나타내는 단어를 만들 수 있습니다. 이때 항상 명사는 Magenschmerzen, Kopfschmerzen 처럼 복수로 쓴다는 점을 잊지 마세요.

[expression plus]

*Ich habe Magenschmerzen. = Mein Magen tut mir weh.
*Wo tut es dir denn weh? 너 어디가 아파?
*Kopfschmerzen 두통 Zahnschmerzen 치통 Rückenschmerzen 요통

087위 다이어트를 해야겠다고 말하면서

Ich muss abnehmen.

M: Ich habe viel zugenommen.
Ich muss abnehmen.
F: Nein, du siehst jetzt ganz gut aus.
Damals warst du zu dünn.

*zu|nehmen 증가하다, 살찌다 *ab|nehmen 살빼다 *damals 예전에 *dünn 여윈

살 빼야겠어.

M: 나도 살이 많이 쪘어. 살 빼야겠어.
F: 아니야 지금이 딱 보기좋아. 그전엔 너 너무 말랐었어.

[해설]

독일어로 '살찌다'는 zunehmen, '살빼다'는 abnehmen이라고 합니다. nehmen 동사 앞에 전치사만 달리했는데도 완전히 반대의 뜻이 되죠. 동사 앞에 붙는 zu에는 '부가, 계속'이라는 뜻이 있고, ab에는 '차단, 감소'라는 뜻이 있기 때문입니다.

[expression plus]

*dick 뚱뚱한 > vollschlank 통통한 > schlank 날씬한 > dünn 여윈
*Ich will mindestens 5 Kilo abnehmen! 나 적어도 5킬로그램은 빼고 싶어!
*불규칙 동사변화 zu|nehmen – zu|nahm – zugenommen (ab|nehmen도 유사하게 변함)

088위 다이어트에 관해 얘기하면서

Ich möchte meinen Speckbauch loswerden.

F: Ich möchte meinen Speckbauch loswerden. Was soll ich machen?
M: Du solltest erstmal weniger Bier trinken.

*der Speckbauch 뱃살 *los|werden 잃다 *erstmal 먼저 *wenig 적은
*das Bier 맥주

뱃살 좀 빼고 싶어.

F: 뱃살 좀 빼고 싶어. 어떻게 하면 될까?
M: 그렇다면 일단 맥주 마시는 것부터 자제해야 해.

[해설]

독일인들에게도 뱃살은 아주 큰 골칫거리입니다. 그래서 '뱃살을 빼다'라는 표현에도 여러가지가 있습니다. 'am Bauch abnehmen' 또는 'den Speck am Bauch wegbekommen'이라는 말이지요. 뱃살이 생긴 데는 맥주가 원인이라는 듯 뚱뚱한 배를 가리켜 Bierbauch라고 표현하기도 합니다.

[expression plus]

*Was soll ich machen? = Was soll ich tun? 어떻게 해야 할까?

089위 잠시 기다리라고 말할 때

Einen Moment, bitte.

M: Guten Morgen.
Ich möchte einen Termin vereinbaren.
F: Einen Moment, bitte.
Mein Kollege kommt gleich zu Ihnen!

*der Termin 일정 *vereinbaren 약속하다 *der Kollege 동료

잠시만 기다리세요.

M: 안녕하세요. 예약을 하고 싶은데요.
F: 잠시만 기다리세요. 담당 직원이 곧 올 겁니다.

[해설]
'잠시만 기다리세요'라는 말은 정식으로 하자면 Bitte warten Sie einen Moment입니다. 하지만 독일 사람들은 언어의 경제성을 중시하는지라 간단히 말하는 경향이 있습니다. 그래서 'Einen Moment'라고만 말해도 '기다리세요'라는 말이 됩니다. 그리고 자신의 동료가 올 거라는 말은 본인이 담당이 아니므로 다른 직원이 온다는 말입니다. 흔히 담당 직원이 올 거라는 말을 이렇게 표현합니다.

[expression plus]
*Ich möchte einen Termin bei Dr. Selmayr vereinbaren.
젤마이어 박사님께 예약을 하고 싶습니다.
*Bitte haben Sie noch etwas Geduld. 조금만 참고 기다려 주시기 바랍니다.

090위 갑자기 전화를 걸었을 때

Störe ich gerade?

F: Hallo Dominik, störe ich gerade?
M: Umm, ja. Bitte ruf später nochmal an.

*stören 방해하다 *gerade 바로, 마침 *später 나중에 *nochmal 다시
*an|rufen 전화하다

지금 전화 받기 곤란하니?

F: 안녕, 도미니크, 지금 전화받기 곤란하니?
M: 음, 사실 그래. 나중에 전화해 줘.

[해설]

전화를 했을 때, 혹시 상대방이 통화해도 괜찮은지 물어보려면 '지금 내가 방해하고 있는 거니?'라는 뜻으로 'Störe ich gerade?'라고 물으면 됩니다.

[expression plus]

*Bitte nicht stören! 방해하지 마시오 (호텔 객실이나 회의실 안내판에 있는 말)
*Lass dich nicht stören. 신경쓰지 말고 하던 거 해.

091위 전화를 해서 엉뚱한 사람을 찾을 때

Sie sind falsch verbunden.

F: Kann ich bitte mit Herrn Hoibl sprechen?
M: Tut mir leid, aber es gibt hier keinen Mitarbeiter namens Hoibl. Sie sind falsch verbunden.

*der Mensch 사람 *der Mitarbeiter 직원 *namens ~란 이름의 *falsch 잘못한

전화 잘못 거셨습니다.

F: 호이블 씨 바꿔주시겠어요?
M: 죄송하지만, 여기 직원 중에는 그런 분 안 계신데요. 전화 잘못 거셨습니다.

[해설]

'전화를 잘못 걸었다'는 표현은 '연결하다'라는 뜻의 동사 verbinden의 과거분사형 verbunden을 씁니다. falsch verbunden sein이라는 말은 회선이 잘못 연결되었다는 뜻이니, 잘못 걸었다는 의미가 됩니다.

[expression plus]

*~와 통화할 수 있을까요? Kann ich bitte mit ~ sprechen?
* 불규칙 동사변화 verbinden –verband – verbunden

092위 핸드폰을 꺼야 할 때

Bitte schalten Sie Ihr Handy aus.

F: Bitte schalten Sie Ihr Handy vor der Sitzung aus.
M: Ja. Ich habe es schon ausgeschaltet.

*aus|schalten 끄다 *die Sitzung 회의

핸드폰을 꺼 주세요.

F: 회의에 들어가기 전에 핸드폰을 꺼 주세요.
M: 네, 전 벌써 껐습니다.

[해설]
수업이나 회의 중에는 핸드폰을 반드시 끄는 것이 예의죠. 독일에서는 때로 업무 중에 핸드폰을 끄고 일을 하는 것을 규칙으로 할 때도 있답니다. '핸드폰을 끄다'라는 동사는 ausschalten을 씁니다. 반대로 켤 때는 einschalten이라는 동사를 쓰지요.

[expression plus]
* 비행기 모드를 설정하다 / 해제하다 = Flugmodus einschalten/ausschalten

093위 상대방의 전화가 오는 것을 알려줄 때

Ihr Handy klingelt.

F: Herr Kim, Ihr Handy klingelt.
Ich hatte Sie gebeten, dass Handy auszuschalten.
M: Es tut mir leid, aber es ist ein sehr wichtiger Anruf.

*klingeln 울리다 *bitten 부탁하다 *aus|schalten 끄다 *wichtig 중요한
*der Anruf 전화

당신 핸드폰 울려요.

F: 김 선생님, 핸드폰 울려요. 핸드폰 끄라고 말씀드렸건만.
M: 죄송합니다. 중요한 전화라서요.

[해설]
핸드폰을 포함해서 전화벨, 초인종 등이 울릴 때는 klingeln 동사를 씁니다. 그런데 비슷한 형태이면서 '소리나다'라는 뜻을 가진 klingen 동사가 있습니다. 하지만 이 동사는 klingeln 동사와 바꾸어 쓸 수 없습니다. 그러니 잘 기억해 두세요.

[expression plus]
*(Es) tut mir leid 미안합니다.
*klingeln 규칙 동사변화 klingelt - klingelte - geklingelt
klingen 불규칙 동사변화 klingen – klang – geklungen
*불규칙 동사변화 bitten – bat - gebeten

094위 너무 바쁜 일상을 표현할 때

Ich stecke bis über beide Ohren in Arbeit.

F: Wie geht's dir?
Wir haben schon lange nicht mehr zusammen gegessen.
M: Ja, ich stecke zur Zeit bis über beide Ohren in Arbeit.
Ich habe nicht mal Zeit zum Essen.

*essen 먹다 *stecken 꽂다 *beide 양편의 *das Ohr 귀 *die Arbeit 일

바빠 죽을 지경이야.

F: 요즘 잘 지내? 같이 밥먹은지도 오래 됐네.
M: 그러게. 그런데 바빠 죽을 지경이야. 밥먹으러 나갈 시간도 없거든.

[해설]

독일어로 '바빠 죽을 지경'이라는 표현인 stecke ich bis über beide Ohren in Arbeit를 직역하면 '양쪽 귀 넘어서까지 쌓인 일 속에 박혀 있다'라는 말이 됩니다. '나는 정말 바쁘다'라는 'Ich bin sehr beschäftigt.'를 독특하게 강조한 표현입니다.

[expression plus]

*Wie geht's dir? 잘 있었어?
*불규칙 동사변화 essen – aß – gegessen
*'zum 동사원형 명사' 형태는 '~하러, ~할'의 뜻이 된다.
zum Essen gehen 밥먹으러 가다 Wasser zum Trinken 마실 물

095위 오랜만에 만난 친한 친구를 보며

Sag mal, gibt's dich noch?

F: Sag mal, gibt's dich noch?
Ich habe schon lange nichts von dir gehört!
M: Ich war sehr beschäftigt mit der Arbeit.

*nichts 아무것도 ~않다 *hören 듣다 *beschäftigt 바쁜 *die Arbeit 일

너 살아있었구나!

F: 너 살아있었구나! 오랫동안 소식도 없더니!
M: 그 동안 일하느라 너무 바빴거든.

[해설]
장난스레 '너 죽지 않고 살아있었구나!'라고 말하려면 '말해 봐, 너 아직도 (세상에 살아) 있는 거니?'라는 뜻으로 'Sag mal, gibt's dich noch?'라고 물으면 됩니다. '바쁘다'라는 말은 '몰두하게 하다'라는 뜻의 동사 beschäftigen의 과거분사형 beschäftigt를 형용사로 써서 만듭니다. 일 때문에 바빴다고 표현하고 싶으면 전치사 mit를 써서 mit der Arbeit라고 표현할 수 있습니다.

[expression plus]
*Lange Zeit nicht gesehen! 오랜만이다!
*Ich bin sehr beschäftigt. = Ich habe viel zu tun.
*Sie beschäftigen sich mit einem schwierigen Problem.
그들은 어려운 문제 하나에 골몰하고 있다.

096위 어떤 일에 집중해서 시간이 흐름을 몰랐을 때

Ich habe kaum bemerkt, wie die Zeit vergeht.

F: Es ist schon 18 Uhr! Was machst du hier noch?
Machst du keinen Feierabend?

M: Oh, ich war mit der Arbeit so beschäftigt, dass ich kaum bemerkt habe, wie die Zeit vergangen ist.

*der Feierabend 퇴근 *beschäftigt 바쁜, 몰두한 *bemerken 알아차리다
*vergehen 시간이 흐르다

시간 가는 줄 몰랐네.

F: 벌써 저녁 6시야. 아직 여기서 뭐해? 퇴근안해?

M: 너무 일에 집중 하느라, 시간가는 줄 몰랐네.

[해설]

너무 바빠 일을 하다 보면 시간이 가는지도 모를 때가 있죠. '바쁘다'라는 표현을 하고 싶다면 beschäftigt sein이라는 표현을 쓰면 됩니다. '시간이 흐르다'라는 말을 할 때 쓰는 동사는 vergehen입니다. 독일어로 위의 표현을 직역하자면 '어떻게 시간이 흐르는지 거의 알아차리지 못했다'라는 뜻입니다.

[expression plus]

*Feierabend machen 하루 일을 끝마치다
*(Damit ist bei mir) Feierabend! 이젠 됐네! 필요 없어!
*불규칙 동사변화 vergehen – verging – vergangen

097위 어떤 일에 대한 자신의 걱정이 기우였음을 알았을 때

Ich habe mir unnötigerweise Sorgen gemacht.

M: Ich habe mir unnötigerweise Sorgen gemacht.
Sie haben die Arbeit sehr gut erledigt.
F: Eigentlich habe ich mir am Anfang auch Sorgen über das Projekt gemacht.
Deshalb habe ich sorgfältiger gearbeitet.

*unnötigerweise 쓸데없이 *erledigen 처리하다 *eigentlich 사실 *deshalb 그래서

괜한 걱정했네요.

M: 이번 일을 당신이 그렇게 훌륭하게 해냈는데 제가 괜한 걱정했네요.
F: 사실 처음엔 저도 걱정했어요. 그래서 더 신중을 기했죠.

[해설]
'걱정하다'라는 표현을 독일어로는 Sorgen machen, Sorgen haben이라고 합니다. Sorge이라는 명사는 보통 복수형을 쓰고요. 어근이 되는 sorg에 fältig라는 접미사를 붙이면 '주의 깊은'이라는 뜻이 됩니다. '~을 걱정하다'라고 대상을 지칭하고 싶으면 동사 sich sorgen에 전치사 um을 써서 표현할 수도 있습니다.

[expression plus]
*Mach dir nie mehr Sorgen um Geld. 돈 걱정은 더 이상 하지 마.
*am Anfang 처음에 ⇔ am Ende 마지막에
*Gut gemacht! 잘 했어!

098위 베풀어 준 호의나 도움 따위에 대하여 상대방에게 겸손하게 말할 때

Nichts zu danken.

F: Vielen Dank für Ihre Hilfe. Durch Ihre Hilfe habe ich die Prüfung bestanden.

M: Nichts zu danken. Sie haben es verdient!

*die Hilfe 도움 *durch ~를 통해 *nichts 아무것도 ~않다 *verdienen ~할 가치가 있다

내게 고마워할 것까지는 없어요.

F: 도와주셔서 정말 감사합니다. 도와주신 덕분에 시험에 붙었어요.

M: 내게 고마워할 것까지는 없어요. 본인이 열심히 한 결과니까요.

[해설]

고마움을 표시하는 가장 흔한 표현으로는 'Danke schön'과 'Vielen Dank'가 있습니다. 거기에 대한 대답으로는 보통 'Bitte schön'이라고 표현합니다. 또, 본문에 나온 표현대로 상대방에게 공을 돌리는 표현을 써서 'Nichts zu danken'이라고 대답하기도 합니다.

[expression plus]

*Danke schön /Vielen Dank für~ ~에 대해 무척 감사하다

*Gott sei Dank! 다행이다!

099위 나에 대해 마음이 편치 못하고 부끄러움을 느끼는 사람에게

Nichts zu entschuldigen.

F: Tut mir wirklich leid.
Ich wusste nicht, dass Ihnen die Dokumente so wichtig sind.
M: Nein, nichts zu entschuldigen.
Ich hätte Sie darüber informieren sollen.

*wirklich 참으로 *das Dokument 서류 *wichtig 중요한 *informieren 정보를 주다

미안해할 것까지는 없어요.

F: 미안해요, 그 서류가 당신에게 그렇게 중요한지 몰랐어요.
M: 아니에요, 미안해할 것까지는 없어요. 내가 당신에게 미리 주의를 줬어야 했어요.

[해설]

앞서 '고마워할 거 없어요'라는 표현처럼, '미안해 할 것 없어요'라는 표현 역시 nichts를 써서 'Nichts zu entschuldigen.'이라고 합니다. Tut mir leid라는 표현에 wirklich, 또는 sehr를 넣으면 미안한 마음을 훨씬 더 강조할 수 있습니다.

[expression plus]

*Ich wusste nicht, dass ~를 몰랐다.
Ich wusste es nicht. 난 그거 몰랐다.
*wissen 불규칙 동사변화 wissen – wusste – gewusst

100위 상대에게 오해에 대해 사과할 때

Ich habe Sie missverstanden.

F: Tut mir leid. Ich habe Sie missverstanden.
M: Kein Problem. Es macht nichts.

*missverstehen 오해하다

내가 당신을 오해했어요.

F: 죄송합니다. 내가 당신을 오해했어요.
M: 괜찮아요. 저 개의치 않습니다.

[해설]
'오해하다'라는 동사는 독일어의 '이해하다'라는 동사 verstehen 앞에 '착오, 부정'이라는 뜻을 가진 접두어 miss를 붙여서 만듭니다. 무언가 오해가 있었을 때는 먼저 Tut mir leid 등의 말로 정중하게 사과한 뒤 본문처럼 말하시면 됩니다.

[expression plus]
*Du hast mich missverstanden. 너 나 오해한 거야. (그건 오해야.)
*불규칙 동사변화 missverstehen – missverstand – missverstanden
*Es macht nichts. = Macht nichts.

101위 - 120위 순위

- 101위 내 말이 그 말이야.
- 102위 그럴 리가 없어.
- 103위 폐를 끼쳐 드렸어요.
- 104위 모르기는 나도 마찬가지야.
- 105위 너랑 함께 일해서 정말 즐거웠어.
- 106위 스트레스 어떻게 푸세요?
- 107위 내 컴퓨터가 다운됐어.
- 108위 좋은 생각이 났어.
- 109위 잠깐 시간 좀 내 줄래?
- 110위 부탁 하나 해도 될까요?
- 111위 확답은 못해요.
- 112위 생각해 볼게.
- 113위 해 본 다음에 말해 줄게.
- 114위 난 전적으로 찬성이야.
- 115위 걔가 뭘 좀 알아.
- 116위 나는 그렇게 생각 안 해.
- 117위 그건 그때 그때 달라.
- 118위 달리 선택의 여지가 없어.
- 119위 걔는 한 귀로 듣고 한 귀로 흘려버려.
- 120위 삼천포로 빠지지 마!

101위 Das kann man wohl sagen!

102위 Das kann nicht stimmen.

103위 Ich habe Ihnen sehr viele Unannehmlichkeiten bereitet.

104위 Ich habe auch keine Ahnung.

105위 Es war mir eine Freude mit dir zusammenzuarbeiten.

106위 Wie bauen Sie Stress ab?

107위 Mein Computer ist abgestürzt.

108위 Mir ist eine gute Idee eingefallen.

109위 Kann ich dich für einen Augenblick sehen?

110위 Würden Sie mir einen Gefallen tun?

111위 Ich kann es Ihnen nicht versprechen.

112위 Ich werde darüber nachdenken.

113위 Ich werde es ausprobieren, und dir dann Bescheid sagen.

114위 Ich bin total dafür.

115위 Da weiß sie einiges.

116위 Ich bin anderer Meinung.

117위 Das kommt darauf an.

118위 Mir bleibt keine andere Wahl.

119위 Alles was du ihm sagst, geht zum einen Ohr rein und zum anderen wieder raus.

120위 Wechsel nicht das Thema!

101위 내가 하고 싶었던 말을 남이 해 그 말에 동의할 때

Das kann man wohl sagen!

F: Nach dem Projekt müssen wir Urlaub machen.
Wir haben uns völlig überarbeitet.

M: Das kann man wohl sagen.
Wir müssen uns unbedingt erholen.

*der Urlaub 휴가 *völlig 전적으로 *überarbeiten 과로하다 *unbedingt 당연히
*sich erholen 휴식하다

내 말이 그 말이야.

F: 프로젝트 끝나고 우리쉬어야 할 것 같아. 너무 과로했어.

M: 내 말이 그 말이야. 우린 좀 쉬어야 해.

[해설]

다른 사람이 내가 하고 싶은 말을 그대로 해 줄 때, 독일어에서는 'Das kann man wohl sagen.'이라고 합니다. '사람이라면 충분히 말할 수 있다'라는 뜻으로, 그 말에 아주 동의한다는 뜻이죠. 때로 이 말도 줄여서 'Kann man so sagen!'이라고 해도 됩니다. 같은 뜻으로 'Ich stimme zu! (동감이야!)' 또는 'Das ist richtig!' 등의 문장이 있습니다.

[expression plus]

*Urlaub machen 휴가를 가다 Urlaub nehmen 휴가를 얻다
*Wir haben uns nach der Arbeit erholt. 우리는 일을 마친 후에 휴식했다.
*überarbeiten 과로하다 (분리동사 아님) ≠ über|arbeiten 규정 외 시간으로 일하다 (분리동사)

102위 어떤 상황에 대해 사실이 아니라고 강조할 때

Das kann nicht stimmen.

M: Weißt du schon, dass Daniel das neue Projekt leitet?
F: Das kann nicht stimmen.
Gestern Abend hat der Chef mir gesagt, dass ich es leiten soll!

*wissen 알다 *das Projekt 프로젝트 *leiten 이끌다 *stimmen 맞다, 일치하다
*der Chef 우두머리, 장

그럴 리가 없어.

M: 이번 프로젝트는 다니엘이 진행하는 거 알고 있어?
F: 그럴 리가 없어. 어제 저녁에 사장님이 분명히 나보고 하라고 말했는데!

[해설]

'그럴 리 없다'라고 말하고 싶을 때는 여러 표현이 있지만 동사 stimmen을 써서 '그 말이 맞을 리 없다'라고 본문처럼 표현할 수 있습니다. 독일어 명사 Chef는 영어로 요리사를 뜻하는 chef와 철자가 같지만 '우두머리, 통솔자'라는 다른 뜻이라는 점, 주의해서 기억하세요.

[expression plus]

*Das kann doch nicht sein! 그럴 리 없어.
*Da kann etwas nicht stimmen. 무언가 실수가 있는 게 틀림없어.
*Das kann nicht wahr sein. 사실일 리 없어.
*불규칙 동사변화 wissen – wusste - gewusst

103위 자신으로 인해 상대방이 불편함을 느낄까 염려될 때

Ich habe Ihnen sehr viele Unannehmlichkeiten bereitet.

F: Tut mir wirklich leid.
Ich habe Ihnen sehr viele Unannehmlichkeiten bereitet.
M: Machen Sie sich nichts draus.
Ich kann mich gut in Ihre Lage versetzen.

*die Unannehmlichkeit 불편 *bereiten 끼치다 *die Lage 입장
*sich versetzen 입장을 바꾸어 생각하다

폐를 끼쳐 드렸어요.

F: 너무 죄송합니다. 폐를 끼쳐 드렸어요.
M: 그런 말씀 마세요. 저는 당신의 처지를 이해해요.

[해설]

'불편'이라는 명사 Unannehmlichkeit는 '쾌적한'이라는 형용사 angenehm 앞에 부정의 접두사 un–을 붙이고 명사형 어미 –keit를 조합하여 만든 명사입니다. 독일어 명사는 길어도 조합을 잘 보면 뜻을 금방 알 수 있는 경우가 많습니다. bereiten은 '준비하다'라는 뜻 외에도 '가하다, 끼치다'라는 뜻이 있습니다.

[expression plus]

*Mach dir nichts draus. 신경쓰지 마.
*Ich mache mir nichts daraus. 난 신경 안 써.

104위 상대방과 같이 나도 정확한 지식이 없을 때

Ich habe auch keine Ahnung.

M: Ich habe gar keine Ahnung von diesem Projekt.
Was soll ich tun?
F: Ich habe auch keine Ahnung.
Lass uns Schritt für Schritt arbeiten.

*die Ahnung 예감, 개념 *der Schritt 걸음, 발걸음 *arbeiten 일하다

모르기는 나도 마찬가지야.

M: 이번 프로젝트에 대해서는 정말 하나도 모르거든, 어떻게 해야 돼?
F: 모르기는 나도 마찬가지야. 우리 차근차근 하자.

[해설]

일상생활에서 아주 흔히 쓰는 '몰라'에 해당하는 표현은 'Keine Ahunung.'입니다. 이 표현은 'Ich weiß nicht.'와 거의 별 차이가 없이 쓰입니다. 굳이 차이를 들자면 'Ich weiß nicht.'가 어떤 특정 지식에 대해서 모른다는 뜻이 있다면, 'Keine Ahnung.'은 '이게 뭔지 감이 안 잡힌다'라는 뜻이라고 할 수 있습니다.

[expression plus]

*Ich habe keine Ahnung, wovon du redest. 네가 무슨 말 하는지 모르겠어.
*Lass uns ~ ~하자 Lass uns gehen! 가자!
*Schritt für Schritt 한걸음씩, 차근차근

105위 공동으로 어떠한 업무를 성공리에 마쳐 마음이 흐뭇하고 기쁠 때

Es war mir eine Freude mit dir zusammenzuarbeiten.

F: Nach einem Monat haben wir es endlich geschafft!
M: Ja, endlich ist es vorbei!
Es war mir eine Freude mit dir zusammenzuarbeiten.

*der Monat 달 *endlich 마침내 *schaffen 완성하다, 해내다 *die Freude 기쁨, 즐거움

너랑 함께 일해서 정말 즐거웠어.

F: 한 달의 노력 끝에 우리 드디어 성공했어!
M: 그래, 드디어 끝났다, 너랑 함께 일해서 정말 즐거웠어.

[해설]

동사 zusammenarbeiten은 '함께'라는 뜻의 zusammen과 '일하다'라는 뜻의 arbeiten을 합쳐 만든 '협업하다'라는 뜻의 동사입니다. 맨 앞에 나온 주어 es는 아무런 뜻도 없고, 실제 주어 부분은 뒤편의 mit dir zusammenzuarbeiten 부분입니다. 직역하면 '너와 함께 한 협업이 나에게는 기쁨이었다'라는 뜻이 됩니다.

[expression plus]

*동사 schaffen은 두 가지 뜻이 있는데, 뜻에 따라 동사 변화형이 다르다.
창조하다 schaffen – schuf – geschaffen (불규칙 변화)
해내다 schaffen – schaffte – geschafft (규칙 변화)

106위 스트레스 해소법을 물을 때

Wie bauen Sie Stress ab?

M: Wie bauen Sie Stress ab?
F: Durch nichts Besonders.
Jeden Morgen gehe ich im Park spazieren.

*ab|bauen 풀다, 철거하다 *besonders 특별한 *der Park 공원
*spazieren gehen 산책하다

스트레스 어떻게 푸세요?

M: 스트레스 어떻게 푸세요?
F: 별거 없어요. 난 아침마다 공원에서 산책을 해요.

[해설]
'스트레스를 풀다'라고 말할 때는 '철거하다'라는 동사 abbauen을 씁니다. 스트레스를 뜻하는 다른 말로는 Anspannung(긴장), Anstrengung(혹사), Druck(압박) 등이 있습니다.

[expression plus]
*Stress bringen 스트레스를 주다
*entspannt 스트레스, 긴장이 풀린
*stressfrei 스트레스가 없는
*unter Belastung, unter Druck 스트레스를 받고 있는

107위 컴퓨터가 작동돼지 않을 때

Mein Computer ist abgestürzt.

F: Mein Computer ist abgestürzt.
Was nun?

M: Versuch einfach mal alle Programme zu schließen und sie wieder zu öffnen.

*ab|stürzen 컴퓨터가 동작하지 않다 *versuchen 해 보다 *schließen 닫다
*wieder 다시 *öffnen 열다

내 컴퓨터가 다운됐어.

F: 내 컴퓨터가 다운됐어. 이제 어떡하지?

M: 그냥 프로그램을 전부 껐다 켜봐.

[해설]

원래 abstürzen의 뜻은 '추락하다'입니다. 그런데 컴퓨터와 관련해서는 '작동하지 않다'라는 뜻으로 쓰죠. 비슷하게 'Mein Computer funktioniert nicht mehr.', 또는 'Mein Computer geht nicht mehr.'라고 표현할 수도 있습니다.

[expression plus]

*Ich habe alle meine Daten verloren. 나 문서 다 날아갔어.
*Die Festplatte bootet nicht mehr. 하드디스크가 부팅이 안 돼.
*versuch zu 동사원형 : ~해 봐
*불규칙 동사변화 schließen – schloss – geschlossen

108위 어떤 느낌이나 생각이 떠올랐을 때

Mir ist eine gute Idee eingefallen.

F: Mir ist eine gute Idee eingefallen.
M: Sag es gleich.

*die Idee 생각 *ein|fallen 머리에 떠오르다 *sagen 말하다 *gleich 곧, 바로

좋은 생각이 났어.

F: 좋은 생각이 났어.
M: 빨리 말해 봐.

[해설]

einfallen의 원뜻은 '붕괴하다, 함락하다'입니다. 하지만 구어에서는 '머리에 ~한 생각이 떠오르다'라는 뜻으로도 많이 쓰입니다. 동사 einfallen에서는 생각이 떠오르는 장본인은 여격(Dativ)로 표시하고 떠오른 대상이 주어가 됩니다. 해석은 '나에게 좋은 생각이 떠오른다'가 되지요.

[expression plus]

*gleich의 또 다른 주된 뜻은 '같은, 동일한'이다.
Wir sind der gleichen Meinung. 우리는 같은 생각을 하고 있어.
*불규칙 동사변화 ein|fallen - ein|fiel – eingefallen
*einfallen동사는 2인칭 단수형(du fällst ein)과 3인칭 단수형(er fällt ein)이 불규칙하게 변한다.

109위 짬을 내어주기를 원할 때

Kann ich dich für einen Augenblick sehen?

M: Kann ich dich für einen Augenblick sehen?
F: Okay. Einen Moment.
Ich komme gleich.

*der Augenblick 순간 *der Moment 순간 *gleich 금방

잠깐 시간 좀 내 줄래?

M: 잠깐 시간 좀 내 줄래?
F: 알겠어. 잠깐 기다려. 곧 갈게.

[해설]

명사 Augenblick은 '눈'이라는 뜻의 Augen과 '보다'이라는 뜻의 Blick이 합쳐져서 만들어진 말로, 눈으로 잠깐 볼 만큼 짧은 시간을 가리킵니다. Moment와 유사한 뜻이지요. '나 좀 잠깐 볼까?'라는 말을 좀 더 부드럽게 하려면 'Darf ich mal kurz stören?'이라고 해도 됩니다.

[expression plus]

*Einen Augenblick! = Einen Moment!
*im Augenblick 지금, 현재

110위 공손하게 부탁을 하고 싶을 때

Würden Sie mir einen Gefallen tun?

M: Würden Sie mir einen Gefallen tun?
F: Natürlich. Wie kann ich Ihnen behilflich sein?

*der Gefallen 호의, 친절 *tun 하다 *natürlich 당연한 *behilflich 도움이 되는

부탁 하나 해도 될까요?

M: 부탁 하나 해도 될까요?
F: 물론이죠. 뭘 도와드릴까요?

[해설]
독일어로 아주 정중한 표현을 만들려면 접속어법이라는 동사 변화형 구문을 사용하면 됩니다. 미래를 나타내는 동사 werden의 접속법 변화형인 würden을 쓰면 '괜찮으시다면 ~해 주시겠습니까?'라는 뜻의 조동사가 됩니다. 본문을 직역하면 '괜찮으시다면 저에게 호의를 베풀어주시겠습니까?'라는 아주 정중한 표현이 되죠.

[expression plus]
*Wie kann ich Ihnen behilflich sein? = Wie kann ich Ihnen helfen?
*불규칙 동사변화 tun – tat – getan

111위 답을 확실히 줄 수 없을 때

Ich kann es Ihnen nicht versprechen.

F: Kann ich nächste Woche zwei Tage Urlaub bekommen?
M: Ich kann es Ihnen nicht versprechen.
Ich muss vorher den Chef fragen.

*die Woche 주 *der Urlaub 휴가 *bekommen 받다 *versprechen 약속하다
*vorher 먼저

확답은 못해요.

F: 다음 주에 이틀 휴가 낼 수 있을까요?
M: 확답은 못해요. 먼저 사장님에게 물어봐야 해요.

[해설]
이 표현은 본인의 재량껏 약속할 수 없는 일에 쓰는 표현입니다. 독일에서는 가능하면 매사를 정확하게 처리하는 편이 좋습니다. 두루뭉술하게 약속하거나 지나치게 긍정적으로 대답한다면 나중에 곤란한 일이 생길 수도 있기 때문입니다.

[expression plus]
*Ich kann nichts versprechen. 아무것도 약속드릴 수가 없습니다.
*불규칙 동사변화 versprechen – versprach – versprochen

112위 당장 대답을 해 줄 수 없는 질문을 받았을 때

Ich werde darüber nachdenken.

F: Wir plancn in die Schweiz zu reisen.
Willst du mit?
M: Umm. Ich werde darüber nachdenken.

*der Plan 계획 *die Schweiz 스위스 *reisen 여행하다 *nach|denken 생각해 보다

생각해 볼게.

F: 우리 스위스로 여행갈 계획이야. 너도 같이 갈래?
M: 음. 생각해 볼게.

[해설]

nachdenken은 '곰곰히 생각하다'라는 뜻으로, '~에 대하여'라는 뜻의 전치사 über와 함께 쓰입니다. darüber는 '그것에 대해'라는 뜻으로, 앞 문장에 나온 스위스 여행에 대해서 생각해 보겠다는 뜻이죠. 본문의 문장에서 굳이 미래를 나타내는 werden 동사를 쓸 필요 없이 'Ich denke darüber nach.'라고 해도 됩니다. 독일어는 현재형이 상황에 따라서 미래를 나타내기도 합니다.

[expression plus]

*불규칙 동사변화 nach|denken- nach|dachte nachgedacht

113위 질문에 대해 아직 대답을 못 할 상황일 때

Ich werde es ausprobieren, und dir dann Bescheid sagen.

M: Hast du schon das Spiel gespielt, das du dir gestern gekauft hast?

F: Noch nicht.
Ich werde es ausprobieren, und dir dann Bescheid sagen.

*spielen 놀이하다 * gestern 어제 * aus|probieren 시험하다
*der Bescheid 고지, 정보

해 본 다음에 말해 줄게.

M: 너 어제 산 게임 해 봤어?

F: 아직 안 했어. 해 본 다음에 말해 줄게.

[해설]

무언가 괜찮거나 쓸 만한지 시험해 볼 때는 동사 ausprobieren을 씁니다. 원래 Bescheid는 관공서에서 보내는 '통지'를 의미합니다만, 일상생활에서는 Bescheid에 관사 없이 sagen 동사와 함께 '~을 알려 주다'라는 뜻으로 쓰입니다.

[expression plus]

*Er wartet auf den Bescheid des Finanzamtes ab. 그는 세무서의 통보를 기다리고 있다.
*Da gibt es viele neue Rezepte zum Ausprobieren. 해 볼 만한 새로운 요리법이 많다.

114위 하나도 남김없이 완벽하게 찬성할 때

Ich bin total dafür.

M: Dieser Plan ist perfekt.
Ich bin total dafür.
F: Dann machen wir heute mit der Sitzung früher Schluss, oder?

*der Plan 계획 *perfekt 완벽한 *die Sitzung 회의 *früher 더 일찍 *der Schluss 끝

난 전적으로 찬성이야.

M: 이 방안은 정말 완벽해. 난 전적으로 찬성이야.
F: 그러면 오늘 회의 조금 일찍 끝내도 되겠다. 어때?

[해설]

전치사 für의 여러가지 뜻 중 하나로 '찬성하는'라는 뜻이 있습니다. 그래서 Ich bin für~라고 하면 '나는 ~에 찬성해'라는 뜻이 됩니다. 반대한다고 하고 싶다면 für 대신 gegen을 쓰면 됩니다. für 앞에 붙은 da는 앞 문장에 있는 말을 가리키는 '그것'이라는 의미로, für에 더해 쓰면 '그것에 찬성하는'이라는 뜻을 만듭니다.

[expression plus]

*Ich bin dafür. 나는 찬성이야. ⇔ Ich bin dagegen. 나는 반대야.
*mit~ Schluss machen ~을 끝맺다, 종결하다

115위 어떤 일에 대해서 전문적인 사람을 가리킬 때

Da weiß sie einiges.

M: Ich weiß davon gar nichts.
F: In dem Bereich ist Andrea Expertin.
Da weiß sie einiges.

*gar 전혀 *der Bereich 분야 *die Expertin 전문가(여성) *einige 대략, 조금

걔가 뭘 좀 알아.

M: 나 이거 하나도 모르겠어.
F: 그 분야는 안드레아가 전문가야. 걔가 뭘 좀 알지.

[해설]
어떤 일에 정통한 사람을 가리켜 우리말로 흔히 '그 사람 뭘 좀 알지.'라고 표현하듯, 독일어 역시 비슷하게 einige라는 말로 표현합니다. 사전적 의미는 '조금'이지만 역설적으로 '상당한, 꽤 많은'이라는 뜻으로 쓰일 때가 있습니다.

[expression plus]
*der Experte 전문가(남성)
*von ~ wissen ~에 대하여 알다 (wissen은 추상적인 지식을 뜻함)
*불규칙 동사변화 wissen – wusste – gewusst
*wissen동사는 2인칭 단수형(du weißt)과 3인칭 단수형(er weiß)이 불규칙하게 변한다.

116위 상대방과 생각이 다를 때

Ich bin anderer Meinung.

F: In einer solchen Situation sollte man sich so verhalten.
M: Ich bin anderer Meinung.
Es hätte auch eine andere Möglichkeit gegeben.

*solcher 그러한 *die Situation 상황 *sich verhalten 행동하다 *die Meinung 의견
*die Möglichkeit 가능성

나는 그렇게 생각 안 해.

F: 그 상황에서는 그러는 게 맞아.
M: 나는 그렇게 생각 안 해. 다른 방법이 있었을 거야.

[해설]

'~한 의견이다'라는 표현을 하려면 독일어에서는 특이하게도 sein 동사와 함께 Meinung에 관사나 형용사의 여격(Dativ)을 사용하여 표현합니다. 본문처럼 '나는 다른 의견이다'라고 하려면 ich에 sein 동사의 1인칭 단수형 bin을 쓴 다음, 형용사 ander를 Meinung의 여격에 맞게 변화시켜 anderer라고 쓰는 겁니다. 만약 '나는 그와 같은 생각이냐'라고 하려면 'Ich bin seiner Meinung.'이라고 쓰면 되죠.

[expression plus]

*Ich bin der Meinung, dass ~ 나는 ~라는 생각이다
*Wir sind der gleichen Meinung. 우리는 같은 생각이다.

117위 어떤 상황에 대해 가변적인 대답을 해야 할 때

Das kommt darauf an.

M: Wie lange dauert es bis etwas von Amazon ankommt?

F: Das kommt darauf an.
Aber man muss mindestens 2 Tage darauf warten.

*dauern (시간이) 걸리다 *an|kommen 도착하다 *mindestens 최소한

그건 그때 그때 달라.

M: 아마존에서 주문한 물건이 오는 데 얼마나 걸려?

F: 그건 그때그때 달라. 하지만 적어도 이틀은 기다려야 해.

[해설]

흔히 쓰이는 동사 ankommen은 본문 첫문장에서 보는 것처럼 기본적인 뜻은 '도착하다'입니다. 하지만 실생활에서 다양한 뜻으로 쓰이는데, 그 중 하나가 Es (또는 das) kommt auf ~ an이라는 형태의 숙어입니다. '~에 달려 있다'라는 뜻인데요. 전치사 auf를 darauf 형태로 쓰면 어떤 질문에든 대답할 수 있는 '그건 상황에 따라 다르다'라는 표현이 됩니다.

[expression plus]

*ankommen의 또 다른 주요한 뜻으로는 '중요하다'라는 뜻이 있다. 그래서 auf를 쓰는 같은 형태의 숙어 표현이라도 상황에 따라서 뜻이 다르다.
Darauf kommt es (nicht) an. 그건 중요한 게 아니다.
Ob er kommt oder nicht, darauf kommt es mir an.
그가 오느냐 아니냐가 나에게는 중요하다.

118위 어쩔 수 없는 상황에 대해서 설명할 때

Mir bleibt keine andere Wahl.

F: Wie kannst du nur sowas tun?
Ich verstehe dich nicht!

M: Mir bleibt keine andere Wahl.
Die Situation ist nicht so einfach, wie du denkst.

*sowas 그런 일 *verstehen 이해하다 *bleiben 남다 *die Wahl 선택 *einfach 간단한

달리 선택의 여지가 없어.

F: 어떻게 그럴 수 있어? 너 정말 이해 안 돼!

M: 달리 선택의 여지가 없어. 네가 생각하는 것만큼 일이 간단하지 않아.

[해설]

동사 bleiben의 기본적인 뜻은 '머무르다'라는 뜻이지만, 이렇게 '남다'로 쓰일 때도 있습니다. 이 문장을 직역하면 '나에게는 다른 선택지가 남아 있지 않다'라는 뜻이 됩니다. 같은 뜻으로 haben 동사를 써서 'Ich habe keine andere Wahl.'이라고 표현해도 됩니다.

[expression plus]

*Mir bleibt keine andere Wahl. = Mir bleibt nichts anderes übrig.

*sowas는 so was로 떼어서 써도 된다.
Sowas kann uns auch passieren. 그런 일은 우리에게도 일어날 수 있다.

119위 남의 말을 귀담아듣지 아니한다는 말

Alles was du ihm sagst, geht zum einen Ohr rein und zum anderen wieder raus.

M: Peter hört nicht auf andere Leute.

F: Es lohnt sich nicht, mit ihm zu reden. Alles was du ihm sagst, geht zum einen Ohr rein und zum anderen wieder raus.

*sich lohnen 쓸모가 있다 *das Ohr 귀 *rein 안으로 *raus 밖으로

걔는 한 귀로 듣고 한 귀로 흘려버려.

M: 페터는 남의 의견을 전혀 듣질 않아.

F: 걔한테 말해봤자 쓸데없는 짓이야. 걔는 한 귀로 듣고 한 귀로 흘려버려.

[해설]

'한 귀로 듣고 한 귀로 흘리다'라는 표현은 독일어로도 비슷하게 합니다. 본문을 직역하면 '그에게 네가 말한 모든 것이 한쪽 귀로 들어갔다가 다른 쪽 귀로 다시 나온다'라는 뜻입니다. 여기서 rein은 herein의 축약 표현이고, raus는 heraus의 축약 표현입니다.

[expression plus]

*rein이라는 단어의 또 다른 뜻은 형용사로 '순수한'이다. reines Gold 황금
*Herein. 들어와.
*Raus! 나가!

120위 대화의 흐름을 다시 되돌리고 싶을 때

Wechsel nicht das Thema!

M: Übrigens, was ist passiert zwischen dir und Alex?
Er mag dich, oder?
F: Wechsel nicht das Thema!
Wir müssen bis zehn die Gruppenarbeit fertig machen!

*übrigens 그건 그렇고 *mögen 좋아하다 *das Thema 주제
*die Gruppenarbeit 공동작업 *fertig 완성한

삼천포로 빠지지 마!

M: 그런데 말이야, 너랑 알렉스 사이에 무슨 일 있었어? 걔 너 좋아하지, 그렇지?
F: 삼천포로 빠지지 마! 10시까지 우리 이 조별과제 마쳐야 한다고!

[해설]
'삼천포로 빠지지 마'라는 말은 화제를 돌리지 말고 주제에 집중하라는 뜻이죠. 독일어로 하면 '주제를 바꾸지 마!'라는 말인 'Wechsel nicht das Thema!'라고 표현할 수 있습니다. 비슷한 뜻으로 '다시 하던 일로 돌아가'라는 말인 'Zurück zur Sache!'도 쓸 수 있습니다.

[expression plus]
* Wechsel nicht das Thema! = Zurück zur Sache!
* 불규칙 동사변화 mögen – mochte – gemocht
* mögen동사는 1인칭 단수형(ich mag) 2인칭 단수형(du magst)과 3인칭 단수형(er mag)이 불규칙하게 변한다.

121위 - 140위 순위

121위 헛수고했어.

122위 인맥

123위 걘 백수야.

124위 걔는 밥만 축내.

125위 무더워 죽을 지경이야.

126위 오늘 날씨 진짜 좋다.

127위 대단하다!

128위 말도 안 돼!

129위 진짜 최고야!

130위 진짜 끝내준다!

131위 당근이지!

132위 대강.

133위 빨리빨리!

134위 우리 차례야.

135위 핸드폰 배터리가 나갔었어.

136위 이메일 주소를 문자로 보내줘.

137위 이거 요즘 한창 인기잖아.

138위 약속한 거야!

139위 감 잡았어.

140위 꿈깨라 꿈깨!

121위 Die ganze Arbeit war für die Katz.

122위 Vitamin B

123위 Er ist arbeitslos.

124위 Er ist ein Faulpelz.

125위 Es war ziemlich schwül.

126위 Es ist heute richtig schönes Wetter.

127위 Wahnsinn!

128위 Unsinn!

129위 Prima!

130위 Sehr toll!

131위 Natürlich!

132위 Mehr oder weniger.

133위 Dalli Dalli!

134위 Wir sind dran.

135위 Mein Akku war leer.

136위 Schick mir deine E-mail-Adresse per SMS.

137위 Sie ist zurzeit sehr beliebt.

138위 Versprochen ist versprochen!

139위 Ich habe es schon geahnt.

140위 Träum weiter!

121위 일이 수포로 돌아가서 노력의 의미가 없을 때

Die ganze Arbeit war für die Katz.

M: Wie war euer Konzert am Wochenende?
F: Es hat sehr stark geregnet, und das Open-Air-Konzert musste ausfallen.
Die ganze Arbeit war für die Katz.

*das Konzert 콘서트 *stark 심한, 강한 *regnen 비가 오다 *aus|fallen 취소되다
*die Katze 고양이

헛수고했어.

M: 너희 주말 콘서트 어땠어?
F: 비가 억수같이 쏟아져서 야외 콘서트를 취소했어. 일한거 다 말짱 헛수고가 돼버렸어.

[해설]

독일어로 고양이는 Katze라고 합니다. 그런데 간혹 숙어로 쓰일 때는 끝에 철자 e를 떼고 Katz라고 쓰일 때가 있습니다. 바로 '수포로 돌아가 버렸다'라는 숙어인 für die Katz sein에서도 그렇습니다. 여기에는 슬픈 전설이 있는데요. 옛날 독일의 어떤 대장장이가 손님에게 맡은 일을 하면서 손님이 주고 싶은 만큼만 보수를 받겠다고 하자, 아무도 돈을 주지 않아 대장장이의 고양이가 굶어 죽은 데서 유래된 말이라고 합니다.

[expression plus]

*일반적인 고양이를 뜻하는 Katze는 여성명사다. 수고양이는 der Kater라고 한다.
*불규칙 동사변화 aus|fallen - aus|fiel - ausgefallen
*ausfallen동사는 2인칭 단수형(du fällst aus)과 3인칭 단수형(er fällt aus)이 불규칙하게 변한다.

122위 사회 생활의 연줄을 일컫는 말

Vitamin B

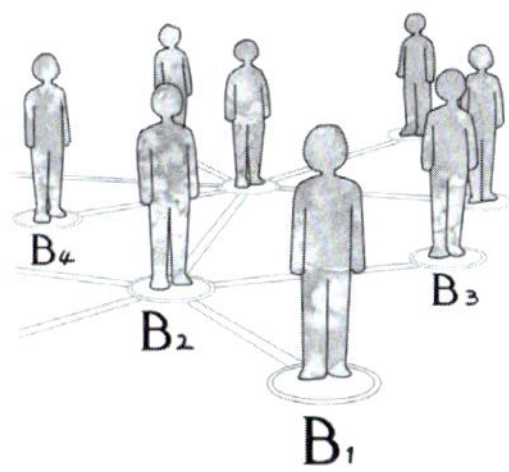

M: Wie wichtig ist Vitamin B im Berufsleben wirklich?
F: Viele Deutsche sind schon einmal durch Vitamin B an einen Job gekommen.

*wichtig 중요한 *das Berufsleben 직장생활 *wirklich 실제의 *der Job 일자리

인맥

M: 직장 생활에서 인맥이 얼마나 중요하지?
F: 많은 독일인들이 한 번쯤은 인맥을 통해서 일자리를 구한 경험이 있어.

[해설]

독일어로 Vitamin B의 또 다른 의미는 '인맥, 연줄'을 의미합니다. 이것은 바로 '관계'를 나타내는 단어 Beziehung의 앞글자 B를 따서 만든 말입니다. 독일 역시 이러한 연줄이나 인간관계를 통해서 일이 풀리는 경우가 상당히 많습니다. 독일인들은 자신의 인간관계 안에 들어왔다고 생각하면 서로 많이 도와 주므로, 다양한 인맥을 쌓는 것이 독일 생활에 좋습니다.

[expression plus]

* '독일인'이라는 말은 '독일의'라는 뜻을 가진 형용사 deutsch를 변화시켜 만든다. 그러므로 단어는 격과 성, 수에 따라 변화한다. der Deutscher (독일 남자) die Deutsche (독일 여자)
* Job은 보통 단기 일자리를 의미하는 경우가 많고, 직장을 뜻할 때는 Arbeitplatz 또는 Stelle라고 표현하는 경우가 많다.

123위 직업이 없는 사람을 가리켜

Er ist arbeitslos.

M: Kennst du Franzeskas Freund?
Wovon lebt er?
F: Er ist arbeitslos.
Er ist auf der Suche nach Arbeit.

*kennen 알다 *leben 살다 *arbeitslos 실직 상태인 *die Suche 찾기, 수색

걘 백수야.

M: 너 프란체스카 남자친구 알아? 걔 직업이 뭐야?
F: 걘 백수야. 지금 일자리를 찾고 있어.

[해설]

–los라는 접미사는 명사 뒤에 붙어서 '~가 없는'이라는 뜻의 형용사를 만듭니다. 그래서 arbeitslos라고 하면 '직업이 없는'이란 뜻이 되죠. leben von ~이라는 표현은 '~로 생계를 잇다'라는 뜻이므로, 우리말로 하면 직업이 무엇이냐는 뜻이 됩니다. 전치사와 함께 쓰이는 동사는 의문사가 있는 의문문을 만들 때 전치사를 사용하여 본문처럼 wovon 같은 의문사 + 전치사 형태를 써야 한다는 점을 잊지 마세요.

[expression plus]

*auf der Suche nach ~ sein ~을 찾고 있는 중이다

124위 하는 일 없이 그저 밥이나 먹으며 하루하루는 지내는 사람을 가리켜

Er ist ein Faulpelz.

F: Warum hat er keine Arbeit, obwohl er schon ein Diplom hat?
M: Keine Ahnung. Er ist schon seit drei Jahren arbeitslos.
Er ist ein Faulpelz.

*obwohl ~에도 불구하고 *das Diplom 대학 졸업장 *seit ~이래로
*der Faulpelz 게으름뱅이

걔는 밥만 축내.

F: 그 남자는 디플롬 학위도 있으면서 왜 취직 안 해?
M: 모르겠어. 벌써 3년째 백수야. 걔는 밥만 축내.

[해설]

Faulpelz라는 말은 '썩은, 게으른'이라는 형용사 faul과 '가죽, 동물'을 뜻하는 Pelz를 합친 말로, 아주 게으른 사람을 뜻합니다. 이것은 중세 시대부터 전해 내려온 말로, 썩은 음식을 지칭하던 말에서 유래한 표현입니다. 독일 대학의 Diplom은 한국 대학의 석사 졸업장에 해당하는 것입니다.

[expression plus]

*Er ist ein Faulpelz. = Er stinkt vor Faulheit.
*faul과 연관된 말
faulenzen 빈둥거리다 faulen 썩다, 부패하다 fäulen 부패시키다
die Faulheit 게으름, 나태 das Faultier 나무늘보

125위 견디기 힘든 더위에

Es war ziemlich schwül.

F: Vorgestern bist du in München gewesen, oder?
Wie war das Wetter dort?
M: Es war ziemlich schwül.

*vorgestern 그저께 *das Wetter 날씨 *ziemlich 아주, 심하게 *schwül 무더운

무더워 죽을 지경이야.

F: 그저께 뮌헨 다녀왔다며? 거기 날씨 어때?
M: 무더워 죽을 지경이야.

[해설]
'오늘 날씨가 어때?' 물어보는 표현은 'Wie ist das Wetter heute?'라고 하면 됩니다. 이 표현을 시제와 장소, 날짜에 맞추어서 변형하면 되는 것이죠. 그냥 더운 것은 heiß라고 하면 되는데, '무덥다'라는 표현은 독일어로 schwül이라고 합니다. 무더워서 죽을 지경이라면 아주 덥다는 의미이니 ziemlich라는 부사를 덧붙여 표현하면 됩니다.

[expression plus]
*비슷한 발음이지만 움라우트 차이로 완전히 다른 뜻이 된다.
schwül 무더운 schwul 동성애 성향을 지닌

126위 날씨가 좋을 때

Es ist heute richtig schönes Wetter.

M: Es ist heute richtig schönes Wetter.
Blauer Himmel und Sonnenschein.......
F: Leider können wir das aber nur durchs Fenster genießen.

*schön 아름다운, 좋은 *der Himmel 하늘 *der Sonnenschein 햇빛
*das Fenster 창문 *genießen 즐기다

오늘 날씨 진짜 좋다.

M: 오늘 날씨 진짜 좋다. 푸른 하늘에 햇빛하며….
F: 안타깝게도 우리는 그 좋은 날씨를 창문으로만 즐겨야 하지.

[해설]

날씨가 좋다는 표현을 하려면 형용사 schön을 써서 표현하면 됩니다. '좋은 날씨'라고 쓰려면 das schöne Wetter라고 하지요. 반대로 날씨가 나쁠 때는 schlecht, 특히 우울하고 흐려서 음침한 날씨에는 duster라는 형용사를 씁니다. '좋은 날씨를 만끽하다'라는 표현은 das schöne Wetter genießen이라고 하면 됩니다.

[expression plus]

*Es ist heute schönes Wetter. = Es ist schön heute.
*Es regnet heute. 오늘은 비가 온다.
*불규칙 동사변화 genießen – genoss – genossen

127위 대단함을 표현할 때

Wahnsinn!

F: In dieser Prüfung hat er wieder eine Eins bekommen und er hat sogar ein Stipendium erhalten.
M: Wahnsinn! Er ist ein echtes Genie.

*wieder 다시, 또 *das Stipendium 장학금 *echt 진짜의 * das Genie 천재

대단하다!

F: 걔 이번 시험 또 1등급 받고 국가 장학금도 받았대.
M: 대단하다! 걔는 진짜 천잰가 봐.

[해설]

Wahnsinn의 사전적 의미는 '광기, 미친 짓'이란 뜻입니다. 이것이 믿을 수 없을 정도로 대단하다는 뜻으로 쓰이는 것이죠. 독일의 점수 체계는 우리와 달리 절대평가 등급 체계입니다. Eins라는 말은 Note 1로 평점 1점이라는 뜻인데, 이것은 1등급을 의미합니다. 절대평가 등급제가 상당히 까다로워 쉽게 Note 1를 주지는 않기 때문에 1등급을 받는 것은 어렵습니다.

[expression plus]

*Note 1 (sehr gut), Note 2 (gut) Note 3 (befriedigend) Note 4(ausreichend)
*다섯 등급 중 Note 5를 받으면 그 시험은 낙제(nicht bestanden)한 것이다.
*불규칙 동사변화 bekommen(얻다) – bekam – bekommen
*불규칙 동사변화 erhalten – erhielt – erhalten

128위 어떤 사람이 터무니 없는 소리만을 할 때

Unsinn!

M: Er hat gesagt, dass er wahrscheinlich eine Eins bekommen wird, weil die Klausur sehr leicht war.

F: Unsinn! Eine Eins?
Man sollte froh sein, wenn man die Klausur besteht.

*wahrscheinlich 틀림없이 *die Klausur 필기시험 *leicht 쉬운 *froh 기쁜, 감사한 *bestehen 합격하다

말도 안 돼!

M: 걔는 이번 필기시험이 아주 쉬워서 틀림없이 1점 받을 것 같다고 말하더라.

F: 말도 안 돼! 1점이라고? 1점은 커녕 낙제만 안 해도 운 좋은 거야.

[해설]

eine Eins라는 말은 eine Note 1이라는 뜻입니다. 즉, 어떤 과목에서 1등급을 받았다는 말을 줄여서 표현한 것이죠. Unsinn이라는 말은 '감각, 의미'라는 뜻의 명사 Sinn에 부정의 의미가 있는 접두사 un-을 붙인 단어로, '무의미함, 터무니없는 일'을 나타냅니다. 그래서 '말도 안 돼!'라는 의미로 쓸 수 있습니다.

[expression plus]

*Rede doch keinen Unsinn! 말같지도 않은 소리 하지 마!
*Ich habe einen ziemlichen Unsinn gemacht. 나 진짜 말도 안 되는 헛짓거리 했어.

129위 굉장히 재미있고 감동적인 영화나 책을 봤을 때 주변 사람들에게 추천하면서 쓸 수 있는 말

Prima!

F: Letztes Wochenende hast du dir “Avengers” angeschaut, oder? War der Film interessant?

M: Ja, er war sehr interessant. Er war prima!

*letzter 마지막, 지난 * das Wochenende 주말 *der Film 영화 *interessant 재미있는

진짜 최고야!

F: 지난 주말에 《어벤져스》 봤댔지? 재미있어?

M: 정말 재미있게 봤어. 최고야!

[해설]

prima는 '가장 뛰어난, 아주 우수한'이라는 뜻입니다. 구어체에서는 '짱이다'라는 뜻으로 쓰이지요. 'Er war prima!처럼 문장의 형용사처럼 써도 좋고, 그냥 하나의 감탄사처럼 'Prima!'라고 써도 됩니다. oder라는 말은 '또는'이라는 뜻이지만, 독일인들은 흔히 문장 뒤에 붙여 부가 의문문처럼 씁니다.

[expression plus]

*prima는 형용사이지만 어미 변화를 하지 않는다. (prima Essen, prima Kaffee)
*비슷하게 쓸 수 있는 말로 brillant, genial, grandios, sehr gut 등이 있다.

130위 뭐하나 흠잡을 데 없이 멋있는 것을 봤을 때

Sehr toll!

M: Wir haben diese Weihnachtsdekorationen selbst gemacht.
Was hältst du davon?
F: Sehr toll!

*Weihnachten 성탄절 *selbst 직접 *halten ~라고 생각하다 *toll 믿을 수 없는, 훌륭한

진짜 끝내준다!

M: 우리가 직접 크리스마스 장식 만들었어. 어때?
F: 진짜 끝내준다!

[해설]
독일인들은 보통 본인이 직접 무언가를 만드는 데 큰 의미를 두고 즐깁니다. 단독주택에 사는 이들 중 많은 사람들이 집 지하실에 작업실을 만들고 여러 공구를 갖춰 놓고서 직접 집과 정원을 꾸미는 것을 좋아하죠. 그래서 직접 만든 것에 대한 칭찬을 아끼지 않고, 또 그런 말을 듣기를 좋아하는데요. 그럴 때 부담없이 쓸 수 있는 말 중 하나가 바로 toll입니다.

[expression plus]
*toll = unglaublich = großartig
*Was hältst du davon? 거기에 대해 어떻게 생각해?
*Weihnachten은 이렇게 관사 없이 대개 복수형으로 쓴다.

131위 당연하지라는 표현

Natürlich!

M: Gefällt dir die Arbeit?
F: Natürlich!
Sonst würde ich nicht hier bleiben.

*gefallen 마음에 들다 *natürlich 자연스러운 *sonst 그렇지 않다면 *bleiben 머물다

당근이지!

M: 이 일 하는 거 좋아?
F: 당근이지! 안 좋아하면 내가 여기 있을 리 없잖아.

[해설]

natürlich는 원래 '자연의, 천연의'라는 뜻과 더불어 '당연한, 정상적인'이란 뜻이 있습니다. 그래서 '당연하지!'라는 의미의 대답으로도 흔히 사용됩니다.

[expression plus]

*상황에 따라 쓰임이 조금 다르지만 'Selbstverständlich!'와 'Logisch!' 역시 당연하다는 의미의 대답으로 쓰일 수 있다.

132위 현재 상황에 대해 두루뭉술하게 대답하고 싶을 때

Mehr oder weniger.

M: Bist du schon damit fertig?
F: Na ja, mehr oder weniger.

*fertig 완성한 *mehr 더 많은 *wenig 적은

대강.

M: 너 그거 다 했어?
F: 뭐, 대강.

[해설]

mehr는 '더 많은'이라는 뜻으로 '많은'이란 뜻인 viel의 비교급입니다. 그리고 weniger는 '적은'이라는 뜻의 형용사 wenig에 비교급을 뜻하는 어미 -er을 붙인 형태입니다. 이 두 말을 합쳐 mehr oder weniger라고 하면 '어느 정도, 대체로'라는 두루뭉술한 뜻이 됩니다. 구어체로 말하자면 '대강'이라고 표현할 수 있지요.

[expression plus]

* 알아두어야 할 기본적인 불규칙 비교급 변화 (규칙 변화는 -er, -est를 붙인다)
  viel (많은) – mehr (더 많은) – meist (가장 많은)
  gut (좋은) – besser (더 좋은) – best (가장 좋은)
  gern (좋아하는) – lieber (더 좋아하는) – liebst (가장 좋아하는)

133위 서두르라 재촉할 때

Dalli Dalli!

F: Wir haben keine Zeit zu verlieren. Dalli Dalli!
M: Okay. Ich komme gleich.

*die Zeit 시간 *verlieren 잃다

빨리빨리!

F: 꾸물거릴 시간이 없어. 빨리빨리!
M: 알았어. 곧 갈게.

[해설]
우리말의 빨리빨리를 연상하게 하는 재미있는 표현인 Dalli Dalli는 폴란드어에서 유래된 말입니다. 루르 지방에서 일하던 폴란드 이주 노동자들이 폴란드어로 '앞으로, 계속'에 해당하는 'dalej'이라는 말을 했던 것이 독일어 단어로 변형이 된 것입니다. 또, '빨리빨리'에 해당하는 또 다른 말로 Zack zack!이라는 말도 있습니다.

[expression plus]
*Dalli Dalli! = Zack zack! = Schnell! Beeilt euch!
*불규칙 동사변화 verlieren – verlor – verloren

134위 순서가 한 바퀴 돌아 누구의 차례가 되었을 때

Wir sind dran.

M: Wer ist jetzt dran?
F: Wir sind dran.

*wer 누구 *jetzt 지금

우리 차례야.

M: 누구 차례지?
F: 우리 차례야.

[해설]

dran은 daran을 줄인 구어체 표현입니다. daran은 '그것'이라는 뜻인 da와 전치사 an이 결합한 형태로, 가운데 r은 모음 뒤에 바로 모음이 다시 올 때 넣어주는 의미 없는 형태소입니다. 여기서 daran에 sein 동사를 합치면 '~을 하려 하다'라는 뜻이 됩니다. 그래서 'Wir sind daran.'이라는 표현은 '우리가 할 차례다'라는 뜻이죠. 순서가 있는 일을 할 때 쓸 수 있는 말입니다.

[expression plus]

*drauf und dran sein 막 ~을 하려 하다
Alex war drauf und dran sein, nach hause zu fahren.
알렉스는 지금 막 집으로 출발하려던 차였다.
*Drauf und dran! 자, 시작해!

135위 휴대전화로 연락이 잘 안될 때

Mein Akku war leer.

F: Ich habe dich heute Nachmittag angerufen, aber dein Handy war aus. Was war los?

M: Mein Akku war leer.
Ich habe vergessen, ihn gestern aufzuladen.

*an|rufen 전화하다 *das Handy 핸드폰 *der Akku 휴대폰 배터리 *leer 텅 빈
*auf|laden 충전하다

핸드폰 배터리가 나갔어.

F: 오전에 전화를 했는데 꺼져 있더라, 어떻게 된거야?

M: 핸드폰 배터리가 나갔어. 어제 핸드폰 충전을 깜박했거든.

[해설]

독일어로 일반 배터리는 Batterie라고 합니다. 하지만 핸드폰 배터리는 엄밀히 말하면 축전지죠. 그래서 축전지에 해당하는 단어 Akkumulator를 간단히 줄여 Akku라고 합니다. 독일어에는 이렇듯 줄여 쓰는 말이 아주 많답니다. 잘 알아두세요.

[expression plus]

*an|rufen 은 분리동사다. 실제로 쓰일 때는 an과 rufen이 분리된다.
전화할게. Ich rufe dich an.
*Was ist dir passiert? 너 무슨일 있었어?
*불규칙 동사변화 (현재 - 과거 - 과거분사) an|rufen – an|rief - angerufen
*불규칙 동사변화 auf|laden - auf|lud – aufgeladen

136위 이메일 주소를 알고 싶을 때

Schick mir deine E-mail-Adresse per SMS.

F: Kannst du mir bitte die Materialien vom Lehrer per Email schicken?
M: Okay, schick mir deine E-mail-Adresse per SMS.
Dann schicke ich dir die Materialien.

*das Material 자료 *der Lehrer 교사 *schicken 보내다 *per ~를 통해

이메일 주소를 문자로 보내줘.

F: 선생님께서 보내주신 자료를 다 받았지? 그럼 그 자료들 좀 보내줄래?
M: 그래, 이메일 주소를 문자로 보내줘. 내가 보내줄게.

[해설]

독일어로도 이메일 주소는 E-mail-Adresse라고 합니다. 하지만 독일어 Adresse는 영어와 철자가 틀리니 주의해서 암기하세요. 독일어로도 문자는 SMS라고 합니다.

[expression plus]

*문자를 보내다 simsen = eine SMS senden/schicken

137위 방송의 트렌드를 얘기할 때

Sie ist zurzeit sehr beliebt.

F: Hast du dir schon einmal die Fernsehshow angeschaut? Sie ist zurzeit sehr beliebt.

M: Natürlich, wer denn nicht? Jeder spricht davon.

*die Fernsehshow TV쇼 *an|schauen 보다 *zurzeit 요즘 *beliebt 인기 있는

이거 요즘 한창 인기잖아.

F: 너 이 프로그램 본 적 있니? 이거 요즘 한창 인기잖아.

M: 당연히 봤지. 누가 그걸 모르겠어? 요즘 다들 그 얘기뿐이더라.

[해설]

'Sie ist zurzeit sehr beliebt.'이라는 표현은 TV 프로그램 뿐만 아니라 유행하는 대상 어디에나 쓸 수 있는 말입니다. 그리고, 독일어로 'TV를 시청하다'라는 동사는 fernsehen, TV는 Fernsehapparat 또는 Fernseher이라고 하죠. '~에 대해 말한다'라고 표현할 때는 sprechen에 전치사 von을 씁니다. sprechen 동사는 전치사에 따라 뜻이 달라지니 주의해서 기억하세요.

[expression plus]

*불규칙 동사변화 sprechen – sprach – gesprochen

*sprechen 동사는 2인칭 단수형(du sprichst)과 3인칭 단수형(er spricht)이 불규칙하게 변한다.

*sprechen über ~에 대해 토론하다 sprechen für ~에 대해 찬성하다
sprechen mit ~와 이야기하다

138위 상대방의 약속에 다짐을 받을 때

Versprochen ist versprochen!

M: Wenn du für mich die Handynummer von Sophie herausfindest, lade ich dich zum Essen ein.
F: Versprochen ist versprochen! Du suchst nach einem guten Restaurant!

*die Handynummer 전화번호 *heraus|finden 알아내다 * ein|laden 초대하다, 사 주다
*das Restaurant 식당

약속한 거야!

M: 네가 소피의 핸드폰 번호를 알아봐준다면 내가 저녁 쏠게.
F: 약속한 거야! 좋은 레스토랑이나 알아 놔!

[해설]

약속을 꼭 지키라고 표현할 때는 '약속은 약속이지'라는 식으로 말해서 'Versprochen ist versprochen.'이라고 합니다. 이런 식으로 두 번 반복하는 표현이 독일어에는 종종 있습니다. 예를 들어 '안전한 게 좋은 거지.'라는 표현은 'Sicher ist sicher.'라고 하죠.

[expression plus]

*zu ein|laden ~에 초대하다.
*불규칙 동사변화 heraus|finden – heraus|fand - herausgefunden
*불규칙 동사변화 ein|laden - ein|lud – eingeladen

139위 어떤 상황이나 말의 요지를 파악했을 때

Ich habe es schon geahnt.

M: Hast du gehört, dass sich Lukas und Jennifer getrennt haben?
F: Ja, ich habe es schon geahnt.
Gestern habe ich Lukas gesehen und gespürt, dass etwas zwischen ihnen passiert ist.

*schon 이미 *gestern 어제 *spüren 느끼다 *etwas 무언가

감 잡았어.

M: 너 루카스랑 제니퍼 헤어졌다는 소식 들었어?
F: 응. 감 잡았어. 어제 루카스의 안색을 보니 그 둘 사이에 무슨 일이 있는 것 같았거든.

[해설]

ahnen은 '~을 어렴풋이 느끼다, 눈치채다'라는 뜻입니다. 그래서 '감 잡았어, 눈치챘어'라고 표현하면 조동사 haben에 과거분사형 geahnt를 써서 표현합니다. 그리고 trennen은 '나누다'라는 뜻이죠. 그래서 재귀대명사를 쓰면 두 사람이 서로 헤어지거나 이혼한다는 뜻이 됩니다.

[expression plus]

*ahnen 동사의 또 다른 표현으로 다음과 같은 것이 있다.
Du ahnst es nicht! 그게 말이 돼? (믿겨지지 않는 불쾌한 상황에)
Mir ahnt nichts Gutes. 나 좋지 않은 예감이 들어.

140위 허황된 꿈을 말하는 사람에게

Träum weiter!

M: Ich möchte reich werden. Dann könnte ich mir ein Schiff kaufen and eine Weltreise machen!
F: Träum weiter! Zahl zuerst mal die Miete dieses Monats.

*reich 부유한 *das Schiff 배 *die Weltreise 세계 여행 *zahlen 지불하다
*die Miete 월세

꿈깨라 꿈깨!

M: 나는 부자 되고 싶다. 그 다음에는 배를 하나 사고 세계 여행을 떠날 거야.
F: 꿈깨라 꿈깨! 먼저 이번 달 월세나 좀 내라.

[해설]
우리말에 '꿈 깨!'에 해당하는 독일어 표현은 오히려 반대로 '계속 꿈이나 꿔라'라고 뜻으로 '꿈꾸다'라는 뜻의 동사 träumen을 써서 'Träum weiter!'라고 합니다. könnten은 조동사 können의 가정법 변화형으로, '~할 수 있었을 텐데'라는 뜻입니다.

[expression plus]
*eine Reise machen = reisen 여행하다
*die Miete zahlen 월세를 내다

141위 - 160위 순위

141위 간 떨어질 뻔했잖아!

142위 밤새 한숨도 못 잤어.

143위 꼬박 밤 새웠어.

144위 실컷 늦잠 잘 거야.

145위 오늘 정말 푹 잤어.

146위 밤새 뒤척였어.

147위 늦잠 잤어.

148위 악몽 꿨어.

149위 생각이 날 듯 말 듯 해.

150위 분위기 깨지 마!

151위 완전히 깜빡 잊었어!

152위 이건 내가 주는 작은 선물이야.

153위 나 열혈 팬이야!

154위 지난 일에 연연해하지 마.

155위 너 겁쟁이구나!

156위 장난이 아니네.

157위 나 진지해.

158위 어이, 나 아직 말 안 끝났어!

159위 그건 과장이지!

160위 두고 봐.

141위 Du hast mich zu Tode erschreckt!

142위 Ich konnte kaum schlafen.

143위 Ich habe kein Auge zugetan.

144위 Ich will mich ordentlich ausschlafen.

145위 Ich habe wie ein Stein geschlafen.

146위 Ich habe mich im Bett hin und her gewälzt.

147위 Ich habe verschlafen.

148위 Ich hatte gestern einen Albtraum.

149위 Es liegt mir auf der Zunge.

150위 Verdirb uns nicht den Spaß!

151위 Ich habe es ganz vergessen!

152위 Das ist ein kleines Geschenk für dich.

153위 Ich bin ein großer Fan!

154위 Lass die Vergangenheit ruhen.

155위 Du Feigling!

156위 Das ist kein Kinderspiel.

157위 Es ist mein voller Ernst.

158위 Hallo, ich rede noch!

159위 Jetzt übertreibst du aber!

160위 Warte ab.

141위 깜짝 놀랐을 때

Du hast mich zu Tode erschreckt!

M: Was machst du gerade?
Etwas Interessantes?
F: Du hast mich zu Tode erschreckt!
Ich dachte, dass alle schon draußen sind.

*der Tod 죽음 *erschrecken 깜짝 놀라게 하다 *denken 생각하다 *draußen 바깥으로

간 떨어질 뻔했잖아!

M: 너 뭐하고 있어? 재밌는 거니?
F: 간 떨어질 뻔했잖아! 난 모두들 나가고 아무도 없는 줄 알았어.

[해설]

이 표현은 독일어로 '죽을 만큼 놀라다'라고 할 수 있습니다. 상대방 때문에 깜짝 놀랐으니 '너는 나를 죽을 만큼 놀라게 했다'라고 표현하면 '깜짝 놀랐다'라는 말이 됩니다. 그런데 erschrecken이라는 동사는 뜻에 따라 규칙 변화와 불규칙 변화가 다른 동사이니 변화형을 잘 알아두시기 바랍니다.

[expression plus]

*erschrecken 규칙 동사변화 (깜짝 놀라다) erschrecken – erschreckte – erschreckt
*erschrecken 불규칙 동사변화 (무서워하다) erschrecken - erschrak – erschrocken
*'깜짝 놀라다' 뜻의 규칙 과거분사형에는 조동사로 haben 동사를 쓰지만, '무서워하다'라는 뜻의 불규칙 과거분사형은 조동사로 sein 동사를 쓴다.

142위 어떤 일로 인해 밤을 샜을 때

Ich konnte kaum schlafen.

M: Ich habe die ganze Nacht gechattet und konnte kaum schlafen.
F: Ach so. Das erklärt deine Augenringe.

*ganz 전체의 *chatten 채팅하다 *die Nacht 밤 *der Augenring 다크서클

밤새 한숨도 못 잤어.

M: 어제 집에서 친구와 채팅하느라 밤새 한숨도 못 잤어.
F: 그렇구나, 어쩐지 너 오늘 다크서클 생겼더라니.

[해설]
'잠을 잘 수가 없었다'라는 말은 '자다'라는 동사 schlafen에 조동사 können의 과거형 konnten과 부정의 뜻을 가진 부사 kaum을 써서 표현합니다. erklären은 '설명하다'라는 뜻으로, 여기서는 '너의 말이 다크서클이 왜 생겼는지 설명해 준다'라고 표현해서 '그래서 그랬군'이란 뜻이 됩니다.

[expression plus]
*Ach so. 아, 그렇구나.
*불규칙 동사변화 schlafen – schlief – geschlafen
*schlafen동사는 2인칭 단수형(du schläfst)과 3인칭 단수형(er schläft)이 불규칙하게 변한다.

143위 어떤 일 따위로 밤을 샜을 때

Ich habe kein Auge zugetan.

M: Letzte Nacht habe ich kein Auge zugetan.
F: Was hast du gemacht? Hast du wieder Computer gespielt?

*das Auge 눈 *zu|tun 감다, 닫다 *spielen 놀이를 하다

꼬박 밤 새웠어.

M: 어제 꼬박 밤 새웠어.
F: 뭐하느라고? 또 컴퓨터 게임한거야?

[해설]
독일어에서는 밤을 꼬박 새운다는 표현을 '눈을 붙이지 않다'로 표현하기도 합니다. '밤새'라는 표현만 따로 쓴다면 'die ganze Nacht'라고 합니다. '밤새 일하다'는 die ganze Nacht arbeiten이 되는 것이죠.

[expression plus]
*zutun 불규칙 동사변화 zu|tun - zu|tat – zugetan

144위 느긋하게 늦잠을 잔다고 표현하고 싶을 때

Ich will mich ordentlich ausschlafen.

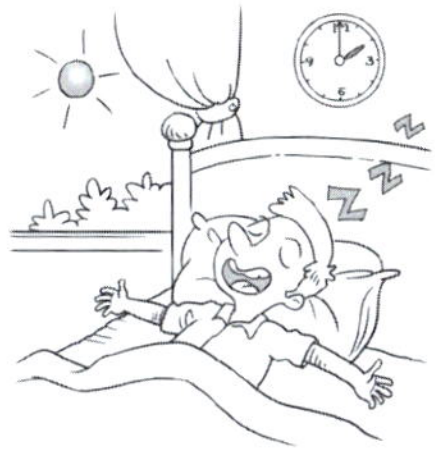

M: Morgen ist Samstag. I will mich ordentlich ausschlafen.
F: Das glaube ich dir. Die Prüfungswoche ist vorbei!

*ordentlich 상당히 *sich aus|schlafen 충분히 자다 *die Prüfungswoche 시험기간
*vorbei 끝난

실컷 늦잠 잘 거야.

M: 내일이 토요일이네. 실컷 늦잠 잘 거야.
F: 그럴만해. 일주일간의 시험기간이 끝났으니.

[해설]

'자다'라는 뜻의 schlafen 동사는 많은 파생어가 있습니다. 본문의 sich ausschlafen은 '실컷 자다'라는 뜻이고, verschlafen은 '예상보다 많이 자버리다', einschlafen은 '잠이 들다'라는 뜻입니다. 같은 늦잠이라도 자고 싶어서 자는 늦잠과 원치 않은 늦잠은 독일어에서 다르게 표현합니다.

[expression plus]

*Das ist klar. 그렇지. 당연하지. 그럴 만 하지.
*vorbei sein = vorüber sein 끝나다

145위 정신없이 잤을 때

Ich habe wie ein Stein geschlafen.

F: Wieso warst du heute abwesend?
Bist du gestern spät heimgekommen?
M: Ich bin um 16 Uhr aufgestanden.
Ich habe wie ein Stein geschlafen.

*abwesend 결석한 *spät 늦은 *heim|kommen 귀가하다 *auf|stehen 일어나다

오늘 정말 푹 잤어.

F: 왜 오늘 낮에 안 왔어? 어제 늦게 들어갔어?
M: 나 16시에 일어났어. 누가 업어가도 모를 정도로 잤어.

[해설]

독일어로 이 표현은 '돌처럼 자다'라는 뜻으로 wie ein Stein schlafen이라 표현할 수 있습니다. 또 하나, 본문에 있는 동사 heimkommen, aufstehen 등은 과거분사 형에 조동사 sein이 온다는 것 잊지 마세요.

[expression plus]

*abwesend sein 결석하다 ⇔ anwesend sein 출석하다
*불규칙 동사변화 heim|kommen – heim|kam - heimgekommen
*불규칙 동사변화 auf|stehen - auf|stand - aufgestanden

146위 밤새도록 편안하게 잠을 자기 못했을 때

Ich habe mich im Bett hin und her gewälzt.

M: Hast du gut geschlafen?
F: Nein. Letzte Nacht habe ich mich im Bett hin und her gewälzt.

*das Bett 침대 *hin 저쪽으로 *her 이쪽으로 *sich wälzen 구르다

밤새 뒤척였어.

M: 잘 잤어?
F: 아니, 밤새 뒤척였어.

[해설]
'잠을 못 자 뒤척이다'라는 표현을 독일어로 하려면 본문처럼 '침대 위에서 이쪽 저쪽으로 구르다'라고 쓰면 됩니다. 또는 '잠을 못 자는'이란 뜻의 형용사 schlaflos를 써서 sich schlaflos im Bett wälzen이라고 쓸 수도 있습니다.

[expression plus]
*Schlaf gut! 잘 자!
*Darf ich bei dir schlafen? 너 너의 집에서 자도 돼?

147위 아침 늦게까지 잠을 잤을 때

Ich habe verschlafen.

M: Warum bist du heute morgen spät angekommen?
F: Ich habe verschlafen. Und dazu gab es einen Stau.

*spät 늦은 *an|kommen 도착하다 *verschlafen 늦잠자다 *der Stau 교통 체증

늦잠 잤어.

M: 오늘 아침 왜 지각했어?
F: 늦잠 잤어. 게다가 길이 막혔거든.

[해설]

동사 schlafen 앞에 ver-라는 접두사를 붙이면 '의도했던 것보다 오래 자버리다'라는 뜻이 되므로 '늦잠자다'라는 표현에 쓸 수 있습니다. ver-라는 접두사는 여러 뜻을 만드는데 '시간이 지나버린, 막힌, 낭비된, 착오가 생긴'이란 부정적인 뜻을 만들 때가 많습니다. 지역에 따라서는 verschlafen 동사에 재귀대명사 sich를 더하여 쓰기도 합니다.

[expression plus]

*verschlafen을 형용사로 쓰면 '잠이 덜 깬, 잠이 취한'이란 뜻으로, schlaftrunken와 같은 뜻이다.
*구어체에서는 verschlafen 동사를 잠과 상관없이 '약속을 잊어버리다'라는 뜻으로 쓰기도 한다.
Er hat den Termin beim Arzt verschafen. 그는 병원 예약을 해 놓고 잊어버려 못 갔다.

Ich hatte gestern einen Albtraum.

M: Ich hatte gestern einen Albtraum.
Ah, er war schrecklich.
F: Hast du dir gestern Abend einen Horrorfilm angeschaut?

*der Albtraum 악몽 *schrecklich 끔찍한 *der Horrorfilm 공포영화
*an|schauen 보다

악몽 꿨어.

M: 어제 악몽을 꿨어. 아, 소름 끼쳐.
F: 너 어제 공포 영화 보고 잤니?

[해설]

'악몽'은 독일어로 Albtraum 또는 Alptraum이라고 합니다. 형용사를 써서 böser Traum, schlechter Traum 또는 schrecklicher Traum이라고 할 수도 있습니다. Alb는 지하세계의 정령을 가리키고, Alp는 자는 사람에게 올라타서 마음속에 두려움을 심어 주는 몽마(夢魔)를 뜻합니다.

[expression plus]

*von Albträumen geplagt werden 악몽에 시달리다
Die Kinder sind von Albträumen geplagt geworden. 아이들은 악몽에 시달렸다.

149위 말하고자 하는 대상의 단어 명칭 등 적절한 표현이 생각이 날 듯 말 듯 할 때

Es liegt mir auf der Zunge.

M: Woher kommt Alex?
F: Oh Mann, es fällt mir nicht ein.
Es liegt mir auf der Zunge.

*ein|fallen 머리에 떠오르다 *woher 어디에서 *die Zunge 혀 *liegen 놓여 있다

생각이 날 듯 말 듯 해.

M: 알렉스 고향이 어디야?
F: 아,이런. 갑자기 생각이 안 나네. 생각이 날 듯 말 듯해.

[해설]

'생각이 날듯 말 듯 하다'는 말에 해당되는 독일어 표현은 '혀 위에 있다'라는 뜻의 auf der Zunge liegen입니다. 분명히 혀 위에 있는데 입 밖으로 나오지 않으니 말을 할 수 있을 것 같은데 없다는 표현입니다. 앞 문장의 einfallen '머리에 떠오르다'라는 동사도 함께 쓰이니 알아두세요.

[expression plus]

*'어디에서'라는 뜻의 Woher와 '오다'라는 동사 kommen를 함께 쓰면 '고향이 어디냐' '어디 출신이냐'라는 뜻이 된다.
*불규칙 동사변화 ein|fallen - ein|fiel - eingefallen
*einfallen 동사는 2인칭 단수형(du fällst ein)과 3인칭 단수형(es fällt ein)이 불규칙하게 변한다.
*불규칙 동사변화 liegen - lag - gelegen

150위 기분 좋은 분위기를 깨고 싶지 않을 때

Verdirb uns nicht den Spaß!

F: Es ist schon Mitternacht.
Ich muss jetzt gehen.
M: Verdirb uns nicht den Spaß!
Du kannst ja noch eine Stunde bleiben, oder?

*verderben 망치다 *der Spaß 재미 *die Stunde 시간 *bleiben 머물다

분위기 깨지 마!

F: 벌써 자정이네. 나 이제 가야 해.
M: 분위기 깨지 마! 한 시간은 더 있을 수 있잖아.

[해설]

독일어로 '분위기를 깨다'라는 표현을 직역하면 '즐거움을 망치다'가 됩니다. 보통 독일인들은 이런 경우 가야 한다고 하면 개인의 의사를 존중해서 잡지 않죠. 그러니 이 표현은 정말 친한 분위기에서 쓰는 것이 좋습니다.

[expression plus]

*Spaß는 재미, 농담 등의 뜻으로 쉽게 쓰이는 여러 표현이 있습니다.
Viel Spaß! 재밌게 보내! Spaß muss sein! 농담일 뿐이었어!
*불규칙 동사변화 verderben – verderbte - verdorben
*verderben 동사는 2인칭 단수형(du verdirbst)과 3인칭 단수형(er verdirbt)이 불규칙하게 변한다.

151위 기억해 두어야 할 것을 실수로 잊었을 때

Ich habe es ganz vergessen!

M: Wieso bist du so früh nach Hause gekommen?
Hast du die Apotheke besucht?

F: Ah, ich habe es ganz vergessen!

*früh 일찍 *die Apotheke 약국 *besuchen 방문하다 *vergessen 잊다

완전히 깜빡 잊었어!

M: 왜 이렇게 일찍 들어왔어? 약국엔 들렀어?

F: 아, 완전히 깜박 잊었어!

[해설]

'깜빡 잊다'라는 표현은 독일어도 한국어 표현과 크게 다르지 않습니다. 동사 vergessen은 '잊다, 생략하다, 까먹다' 등의 표현을 모두 만들 수 있습니다. 'Vergiss es!'라고 명령문을 만든다면 '그냥 신경쓰지 말고 잊어버려! '라는 뜻이 됩니다.

[expression plus]

*Das kannst du vergessen! = Vergiss es!

*불규칙 동사변화 vergessen – vergaß – vergessen

*vergessen 동사는 2인칭 단수형(du vergisst)과 3인칭 단수형(er vergisst)이 불규칙하게 변한다.

152위 감사나 존경 등의 마음을 작게나마 표현하면서

Das ist ein kleines Geschenk für dich.

M: Das ist ein kleines Geschenk für dich.
Hoffentlich gefällt es dir.
F: Danke schön! Ich bin begeistert!
Darf ich es aufmachen?

*das Geschenk 선물 *hoffentlich 바라건대 *begeistert 감격한
*auf|machen 풀다, 열다

이건 내가 주는 작은 선물이야.

M: 이건 내가 주는 작은 선물이야. 마음에 들었으면 좋겠다.
F: 고마워! 감동했어! 열어봐도 돼?

[해설]

생일이나 명절에 독일인들은 주로 부담스럽지 않도록 비싸지 않은 것들을 선물하는 경향이 있습니다. 그리고 직접 만든 선물이나 이국적이고 독특한 것에 큰 의미를 둡니다. 선물은 독일어로 Geschenk라고 하는데, 같은 뜻의 영단어 gift를 무심코 사용해서는 절대로 안 됩니다. 독일어로 Gift는 '독, 독약'이라는 뜻입니다.

[expression plus]

*Ich bin begeistert! = Ich bin hingerissen! = Ich bin verzückt! 너무 기뻐서 정신이 없어!

153위 어떤 대상(운동선수, 배우, 가수 등)을 열렬하게 좋아하는 사람

Ich bin ein großer Fan!

M: Ich bin ein großer Fan von FC Bayern!
F: Echt? Ich auch! Was für ein Zufall!

*groß 큰 *der Fan 팬 *der Zufall 우연

나 열혈 팬이야!

M: 나 '에프체 바이에른'의 열혈 팬이야!
F: 정말? 나도야! 이런 우연이 있나!

[해설]

독일어는 영어를 그대로 차용해서 쓰는 경우가 종종 있습니다. Fan이라는 말도 마찬가지죠. 독일어에도 '지지자, 옹호자'에 해당하는 단어로 Anhänger가 있지만, 보통 Fan이라는 말을 더 많이 씁니다.

[expression plus]

*Was für ein ~은 '이 얼마나, 뭐 이런'이라는 뜻이다.
Was für ein Lärm! 뭐 이리 시끄러워!
*FC Bayern은 Fußball Club Bayern의 약자로, 에프체 바이에른이라고 읽는다.

154위 상대가 집착이나 미련을 가질 때

Lass die Vergangenheit ruhen.

F: Lass die Vergangenheit ruhen.
Vergiss es einfach.

M: Versetz dich doch einmal in meine Lage.
Leichter gesagt, als getan.

*lassen 내버려두다 *die Vergangenheit 과거 *ruhen 쉬다 *vergessen 잊다
*sich versetzen 입장을 바꾸어 생각하다

지난 일에 연연해하지 마.

F: 지난 일에 연연해하지 마. 그만 잊어.

M: 네가 내 입장이 한번 되어봐. 말하기는 쉽지.

[해설]

'지난 일에 연연해하지 않다'는 말을 독일어로 하면 '과거를 쉬게 내버려 두라'라는 뜻에서 'Lass die Vergangenheit ruhen.'이라고 합니다. Vergangenheit는 '시간이 경과하다'라는 뜻의 동사 vergehen에서 파생된 말로, 과거분사 vergangen에 -heit를 붙여 명사로 만든 것입니다.

[expression plus]

*Leichter gesagt, als getan. 말하는 것이 행동하는 것보다 쉽다.
*die Vergangenheit 과거 - die Gegenwart 현재 - die Zukunft 미래
*불규칙 동사변화 lassen – ließ – gelassen
*불규칙 동사변화 vergessen – vergaß – vergessen

155위 누군가를 겁쟁이라 놀릴 때

Du Feigling!

M: Ich kann diese Achterbahn nicht fahren.
Ich habe Angst davor.

F: Du Feigling!

*die Achterbahn 롤러코스터 *fahren 타다 *die Angst 두려움 *der Feigling 겁쟁이

너 겁쟁이구나!

M: 나 저 롤러코스터 못 타겠어. 저거 무서워.

F: 너 겁쟁이구나!

[해설]

'겁쟁이'라는 단어 Feigling '겁이 많은'이란 뜻의 형용사 feig에 '~한 사람'이라는 명사를 만드는 -ling 형태를 붙여서 만든 단어입니다. '너 겁쟁이구나!' 또는 '이 겁쟁아!'하면서 누군가에게 감탄의 어조로 이야기할때는 본문처럼 du를 덧붙여서 말하면 됩니다.

[expression plus]

*vor ~ Angst haben ~를 무서워하다
Das Kind hat Angst vor Hunden. 그 아이는 개를 무서워한다.

*불규칙 동사변화 fahren – fuhr – gefahren

156위 예상치 않은 놀라움을 표시할 때

Das ist kein Kinderspiel.

M: Hast du schon über die Achterbahn gehört?
Die erste Abfahrt hat eine Neigung von 69° und eine Höhe von 73 Metern.

F: Wow, das ist kein Kinderspiel.

*die Abfahrt 활강, 떨어짐 *die Neigung 경사 *die Höhe 높이 *das Kinderspiel 장난

장난이 아니네.

M: 너 그 롤러코스터 얘기 들어봤어? 그거 처음 하강할 때 73미터 높이에서 69도 경사로 떨어진대.

F: 와, 장난이 아니네.

[해설]

Kinderspiel은 말 그대로 아이들의 놀이나 장난을 뜻합니다. 하지만 이에 더 나가서 쉬운 일, 그리 신경쓰지 않아도 되는 일을 가리키는 말이기도 합니다. 그래서 'Das ist ein Kinderspiel.'이라고 말하면 아주 쉽고 문제될 것이 없는 일을 뜻하는 표현입니다. 반대로 부정의 kein을 붙이면 '장난이 아닌 일, 쉽게 볼 것이 아닌 일'을 나타냅니다.

[expression plus]

*롤러코스터를 Achterbahn이라고 부르는 이유는 일부 선로의 모습이 숫자 8을 닮았기 때문이다.
*Das Leben ist kein Kinderspiel. 인생은 쉽지 않다.

157위 진정성을 의심받았을 때

Es ist mein voller Ernst.

F: Du kündigst deine Arbeit?
Mach keinen Scherz!
M: Es ist mein voller Ernst.
Du kannst meinen Chef fragen, wenn du mir nicht glaubst.

*kündigen 해약을 알리다 *der Scherz 농담 *voll 가득한, 완전한 *der Ernst 진심 *glauben 믿다

나 진지해.

F: 너 회사 그만 둔다고? 농담하지 마!
M: 나 진지해. 못 믿겠으면 사장한테 직접 물어봐.

[해설]

자신의 말이나 태도가 진지하다고 힘주어 말하고 싶을 때는 독일어로 '이건 나의 완전한 진심이다'라는 뜻으로 'Es ist mein voller Ernst.'라고 말하면 됩니다. 명사 Ernst에는 형용사 voll을 써서 강조할 수 있습니다.

[expression plus]

*Mach keinen Scherz! = Du beliebst wohl zu spaßen? 너 농담이지? 농담하지 마!
*'~를 믿다'라는 뜻의 동사 glauben에는 목적격이 아니라 여격(Dativ)를 쓴다.
Glaub mir. 날 믿어.

158위 내 말을 상대방이 다 듣지 않고 자를 때

Hallo, ich rede noch!

F: Hallo, ich rede noch!
Hör mal zu!
M: Sorry, red weiter, bitte.

*reden 말하다 *zu|hören 잘 듣다 *weiter 계속

어이, 나 아직 말 안 끝났어!

F: 어이, 나 아직 말 안 끝났어! 내 말 좀 잘 들어 봐!
M: 미안해, 계속 말해.

[해설]
독일인들은 말이 상당히 빠르고 많은 편이며, 다른 이의 말을 끝까지 경청하기보다는 자신이 먼저 선수를 쳐서 넘겨짚는 경우도 의외로 많습니다. 이럴 때는 본문처럼 '이봐, 나 아직 말하는 중이야!'라고 말하면 됩니다. 대화중에는 우물쭈물하기보다는 자신의 의견을 분명히 말하는 편이 결국 상호적인 인간관계에 도움이 된다는 사실을 기억하세요.

[expression plus]
*sorry라는 말은 영어지만 독일어에서도 흔하게 쓰인다.

159위 상대방의 과장된 발언을 지적할 때

Jetzt übertreibst du aber!

F: Du findest, dass Hanna die schönste in unserer Klasse ist? Jetzt übertreibst du aber!
M: Na gut, aber sie gehört zu den schönsten Mädchen, oder?

*schön 아름다운 *die Klasse 반, 학급 *übertreiben 과장하다 *gehören 속하다
*das Mädchen 여자애

그건 과장이지!

F: 한나가 우리 반에서 제일 예쁜 애라고? 그건 과장이지!
M: 뭐, 그래도 제일 예쁜 애 중 하나잖아. 안 그래?

[해설]
누군가 조금 터무니없는 말을 했을 때는 본문처럼 '너 지금 과장하는 거야!'라고 말하면 됩니다. 문장 마지막에 있는 aber는 원래 '그러나'라는 뜻이지만, 본문 문장처럼 반대의 뜻을 강조하는 어구로 별 뜻이 없이 쓰이기도 합니다.

[expression plus]
*gehören ~에게 속하다 Die Tasche gehört mir. 그 가방은 내 것이다.
*zu ~ gehören ~ 중 하나이다. ~의 일부가 되다
Die Universität gehört zu den 100 besten Universitäten der Welt.
그 대학은 세계 100대 대학 중 하나다.

160위 어떤 상황에 대해 속단하지 말라 할 때

Warte ab.

M: Warum willst du einen Halbmarathon laufen?
Du bist doch nicht einmal 10 Kilometer gelaufen, oder?
F: Warte ab. Ich werde das Ziel früher als du erreichen.

*der Halbmarathon 하프마라톤 *laufen 달리다 *ab|warten 기다려 보다
*das Ziel 목표 *erreichen 도착하다

두고 봐.

M: 너 왜 하프 마라톤에 도전해? 10킬로미터도 뛴 적 없잖아?
F: 두고 봐. 너보다 빨리 결승점에 들어올 테니.

[해설]

abwarten은 '기다리다'라는 뜻의 동사 warten에 ab을 덧붙여 만든 동사입니다. 정확한 뜻은 어떤 일이 실현되거나, 누군가가 도착하거나, 일의 결말을 기다린다는 뜻입니다. 그래서 우리말로는 '두고 보다'라는 뜻에 가깝습니다.

[expression plus]

*불규칙 동사변화 laufen – lief – gelaufen
※laufen동사는 2인칭 단수형(du läufst)과 3인칭 단수형(er läuft)이 불규칙하게 변한다.

161위 - 180위 순위

161위 네 말이 맞아.
162위 네 맘대로 해.
163위 나 처음 알았어!
164위 아주 간단해!
165위 헷갈리네.
166위 정말 대단해!
167위 너무 서두르지 마.
168위 아, 착각했어!
169위 그건 누구나 다 그래.
170위 말이 씨가 될라!
171위 나한테는 식은 죽 먹기야.
172위 세상에 공짜가 어딨어?
173위 제 버릇 어디 가니.
174위 없는 것보다야 낫지.
175위 마음만 먹으면 뭐든지 할 수 있어.
176위 걔들은 붙어다니는 단짝이야.
177위 버스는 이미 지나갔어.
178위 걘 어디 가도 굶어 죽진 않겠다.
179위 걔 원래 그런 애야.
180위 신성불가침, 신줏단지

161위 Du hast recht.

162위 Wann du willst.

163위 Das ist mir neu!

164위 Ganz einfach!

165위 Es bringt mich durcheinander.

166위 Sie ist großartig!

167위 Keine Eile!

168위 Oh, ich habe mich geirrt!

169위 Das wollen alle.

170위 Mal doch den Teufel nicht an die Wand!

171위 Für mich ist das ein Kinderspiel.

172위 Nichts ist umsonst.

173위 Typisch für ihn!

174위 Besser als nichts.

175위 Wollen ist Können.

176위 Sie halten zusammen wie Pech und Schwefel.

177위 Wir haben die Chance schon verpasst.

178위 Er würde sogar auf einer Insel überleben.

179위 Er ist halt so.

180위 heilige Kuh

161위 상대방의 말에 동의할 때

Du hast recht.

M: Oh, Moment mal, das haben wir nicht bestellt, oder?
F: Du hast recht.
Ich habe Schweineschnitzel bestellt, aber das ist Kalbsschnitzel.

*der Moment 순간 *bestellen 주문하다 *das Schweineschnitzel 돼지고기 슈니첼
*das Kalbsschnitzel 송아지 슈니첼

네 말이 맞아.

M: 잠깐, 이건 우리가 주문한 음식이 아닌데. 안 그래?
F: 네 말이 맞아. 나 돼지고기 슈니첼 주문했는데 이건 송아지 슈니첼이네.

[해설]

'네가 맞다, 네 말이 맞다'라는 말은 '올바른'이란 뜻의 형용사 recht와 동사 haben을 써서 표현합니다. haben 동사는 '가지고 있다'라는 뜻 외에도 여러 쓰임이 있는데, 그 중 하나가 바로 형용사와 함께 쓰여서 그 형용사의 뜻으로 동사구가 되는 것입니다. 예를 들어 recht haben하면 '~가 맞다'라는 뜻이 되고, bereit haben은 '준비하다', lieb haben은 '사랑하다'라는 뜻이 됩니다.

[expression plus]

*das Schwein 돼지, das Schweinefleisch 돼지고기
*das Kalb 송아지, das Kalbfleisch 송아지 고기

162위 상대방에게 선택권을 줄 때

Wann du willst.

M: Wann gehen wir ins Kino?
F: Ich habe im Moment viel Zeit.
Wann du willst.

*wann 언제 *das Kino 영화, 영화관

네 맘대로 해.

M: 언제 영화 보러 갈까?
F: 나 요즘 시간 많아. 네 맘대로 해.

[해설]

'맘대로 해'라는 말은 의문부사 + du willst라는 조합으로 만들 수 있습니다. 본문은 언제 가느냐를 물었고, 언제든 상관없다고 했으니 '언제'에 해당하는 의문부사 wann을 써서 wann du willst라고 하면 됩니다. 만약 '어떻게 하든 상관없어'라고 말하고 싶다면 wie du willst라고 하고, '어디는 맘대로 해'라면 wo du willst가 되겠지요.

[expression plus]

*im Moment 지금, 현재
*Wann du willst.(duzen) - Wann Sie wollen. (siezen)
*ins Kino gehen 영화보러 가다

163위 처음 듣는 소식에 놀라움을 표시할 때

Das ist mir neu!

M: Hast du gehört, dass Niklas nach Südkorea fliegt?
F: Was? Das ist mir neu!
Ist das wahr?

*Südkorea 한국 *fliegen 날다, 비행하다 *wahr 진짜인

나 처음 알았어!

M: 니클라스가 한국에 간다는 소식 들었어?
F: 뭐? 나 처음 알았어! 진짜야?

[해설]

'처음 듣는 이야기다'라는 표현은 독일어로 '나에게는 새롭다'라는 뜻으로 'Es(das) ist mir neu.' 라고 표현할 수 있습니다. 바꾸어 말하면 'Das habe ich noch nie gehört.', 즉 '나는 그 말 한 번도 들어 본 적 없다'라는 뜻입니다.

[expression plus]

*Ist das wahr? = Echt?
*보통 나라 이름에는 관사가 없다. 예외적으로 관사가 붙는 나라도 있는데, 대표적으로 die Schweiz(스위스), die Türkei(터키), der Irak(이라크), der Iran(이란) die USA(미국, 복수)등이 있다.
*특정 지역으로 간다고 할 때는 보통 nach 뒤에 지명을 쓴다. nach Berlin, nach Spanien. 하지만 관사가 있는 나라는 in을 써서 표현한다. in die USA, in den Iran.

아주 쉬운 일을 표현할 때

Ganz einfach!

M: Wow, wie hast du es denn geschafft, so viel abzunehmen?
F: Ganz einfach!
Ich habe keine Kekse zwischendurch gegessen!

*schaffen 해내다 *ab|nehmen 살빼다 *ganz 아주 *der Keks 비스킷
*zwischendurch 가끔, 중간에

아주 간단해!

M: 와, 너 어떻게 그렇게 살을 많이 뺄 수 있었어?
F: 아주 간단해! 간식으로 먹던 비스킷을 끊었지!

[해설]

'아주 간단해'는 독일어로도 그대로 표현하여 'ganz einfach'이라고 합니다. 본문 마지막 문장에서 zwischendurch는 식사와 식사 사이의 중간을 의미합니다. 그래서 '중간에 비스킷을 안 먹었다'라는 말은 바로 간식을 먹지 않았다는 뜻이 되지요.

[expression plus]

*간식을 먹다 eine Kleinigkeit essen = einen Imbiss einnehmen
*독일어로 케이크는 Kuchen, 비스킷은 Keks, 쿠키 종류는 Plätzchen 또는 Gebäcken, 케이크 중 크림과 장식이 많이 들어간 화려한 것은 Torte라고 한다.

165위 확신할 수 없는 상황을 표현할 때

Es bringt mich durcheinander.

M: Ist das richtig?
Es bringt mich durcheinander.
F: Wahrscheinlich ja, aber ich bin mir nicht sicher.

*richtig 올바른 *bringen 가져오다 *durcheinander 정신없는 *wahrscheinlich 아마 *sicher 안전한, 확신하는

헷갈리네.

M: 이거 맞아? 헷갈리네.
F: 아마 그럴 거야. 하지만 장담할 수는 없어.

[해설]

durcheinander bringen은 '헷갈리게 만들다'라는 뜻입니다. 여기에 목적어를 쓰면 '~를 헷갈리게 만들다'라는 문장이 됩니다. 본문의 문장을 직역하면 '그것은 나를 헷갈리게 만든다'라는 뜻이 되므로 자연스럽게 의역하면 '나는 헷갈려'라고 해석할 수 있습니다.

[expression plus]

*Ich bin mir sicher. = Ich bin sicher.
이 문장은 mir를 생략할 수도 있으며, 두 문장 모두 같은 뜻으로 해석 가능하다.
Ich bin (mir) sicher, dass er mich liebt. 나는 그가 나를 사랑한다고 확신한다.

166위 출중하게 뛰어난 사람 또는 사물에 대해

Sie ist großartig!

M: Hast du das schon gehört?
Sarah hat sich in einem Musikwettbewerb als Finalist qualifiziert!
Sie ist großartig!

F: Das ist schon das dritte Mal.
Sie hat eine viel versprechende Zukunft.

*der Musikwettbewerb 음악 콘쿨 *der Finalist 결승 후보자
*sich qualifizieren 자격을 얻다 *versprechend 유망한 *die Zukunft 미래

정말 대단해!

M: 너 그거 알아? 사라가 음악 콩쿠르 결승에 올랐대. 정말 대단해!
F: 벌써 세 번째야. 그애는 정말 미래가 창창해.

[해설]

großartig이라는 말은 '아주 비범하고 특출한 방식으로 감동을 주는' 대상을 표현하는 말입니다. 그래서 구어체에서는 '아주 뛰어난, 훌륭한'이라는 뜻으로 쓰입니다. 누군가 아주 대단하고 멋진 일을 했을 때 쓸 수 있는 말이지요. 영어의 'great'에 해당하는 말입니다.

[expression plus]

*eine Zukunft haben 장래성이 있다 ⇔ keine Zukunft haben 장래성이 없다
*동사 뒤에 -d를 붙이면 '~한, ~하는'이란 뜻이 되는 형용사가 된다.
versprechen (약속하다) – versprechend (유망한)

167위 일을 빨리 해치우려고 급하게 바삐 움직이지 말라고 할 때

Keine Eile!

M: Ich muss los.
Sonst bin ich zu spät.

F: Keine Eile!
Hast du etwas Dringendes zu erledigen?

*los 나아가는 *sonst 그렇지 않으면 *die Eile 서두름 *dringend 긴급한
*erledigen 해결하다

너무 서두르지 마.

M: 나 가야겠다. 안 그러면 너무 늦겠어.

F: 너무 서두르지 마. 뭐가 그렇게 급한데?

[해설]

독일어로 '~하지 마!'라는 명령문은 간단하게 kein(e) 뒤에 명사를 붙인 형태로 표현하는 경우가 많습니다. 'Keine Sorge.' (걱정 마), 'Bitte keine Webung.' (광고 전단지 넣지 마세요) 등을 예로 들 수 있습니다. etwas 뒤에 형용사 앞 철자를 대문자로 쓰고 끝에 중성명사처럼 형용사 변화를 하면 '~하는 것'이라는 뜻이 됩니다. 그래서 본문을 직역하면 '해결해야 할 무언가 급한 것이 있느냐'라는 뜻이죠.

[expression plus]

*los 관련 여러 표현

Auf die Plätze, fertig, los! 위치로, 준비, 땅! (달리기에서 쓰는 표현)

Nun aber los! 자, 가자!

Gehen wir los. 나가자. (있던 곳에서 나가거나 떠날 때 쓰는 말)

168위 착각으로 실수를 저질렀을 때

Oh, ich habe mich geirrt!

F: Wieso kippst du dir denn die Sauce in deinen Kaffee?
M: Oh, ich habe mich geirrt!
Ich dachte, das wäre Milch.

*wieso 어째서 *kippen 따르다 *die Sauce 소스 *sich irren 잘못 생각하다, 착각하다

아, 착각했어!

F: 너 왜 커피에 소스를 넣어?
M: 아, 착각했어! 이거 우유인 줄 알았어.

[해설]

동사 irren의 뜻은 '방황하다, 잘못하다'라는 뜻입니다. 그런데 재귀대명사 sich와 함께 쓰면 '착각하다, 잘못 생각하다'라는 뜻이 되지요. '왜, 어째서'라는 뜻인 wieso는 warum과 거의 같은 뜻이지만 쓰임이 좀 다릅니다. Warum이 행위의 원인이 무엇인지 묻는다면, wieso는 행위의 목적이 무엇인지를 묻습니다. 여기서는 묻는이가 '커피에 소스를 붓는 목적'이 도대체 뭔지, 뭔가 특별한 생각이 있는 건지 궁금해하고 있는 것이죠.

[expression plus]

*aus Versehen = irrigerweise 실수로
*불규칙 동사변화 denken – dachte – gedacht

169위 누구나 바라는 것에 대해 말할 때

Das wollen alle.

M: Ich möchte einmal viel Geld verdienen.
Dann müsste ich nicht arbeiten.

F: Oh Mann, das wollen alle.

*das Geld 돈 *verdienen 벌다

그건 누구나 다 그래.

M: 돈 좀 한 번 많이 벌어 보고 싶구나. 그럼 일 안해도 될 텐데.

F: 야, 그건 누구나 다 그래.

[해설]

'누구나 다 그렇다'라는 말은 본문의 맥락에서는 '모두가 다 그러기를 원한다'로 볼 수 있습니다. das wollen alle에서 주어는 '모두'라는 말에 해당하는 alle이고, das는 '그것'이라는 목적어가 됩니다. 형용사도 되고 대명사도 되는 all은 대명사로 쓰일 때도 대문자로 쓰지 않습니다. 독일어에서는 목적어에 해당하는 대명사가 문장 맨 앞에 나오는 경우가 아주 많으므로 해석할 때 유의해야 합니다.

[expression plus]

*대문자로 시작하는 명사 All은 '우주'라는 뜻의 중성명사다. das All = das Weltall

*Es gilt für alle. 누구한테나 다 마찬가지야. (여기서는 어떤 법률이나 법칙이 모든 사람에게 적용된다는 뜻이다)

170위 말조심을 해야 할 때

Mal doch den Teufel nicht an die Wand!

M: Ich freue mich sehr auf unseren Ausflug.
Hoffentlich wird es nicht regnen.
F: Mal doch den Teufel nicht an die Wand!
Es darf nicht regnen.

*der Ausflug 소풍 *hoffentlich 바라건대 *malen 그리다 *der Teufel 악마
*die Wand 벽

말이 씨가 될라!

M: 이번 소풍 정말 기대된다. 비가 오지 말아야 할 텐데.
F: 말이 씨가 될라! 비가 와서는 안 된단 말이야.

[해설]
'말이 씨가 된다'라는 표현은 독일어에도 있습니다. 본문을 직역하면 '벽에 악마를 그리지 말아라'라는 뜻이 되는데요. 원래는 '악마에 대해 말하면 악마가 정말 온다'라는 뜻의 속담으로 'Wenn man vom Teufel spricht, kommt er.'라는 속담이 있습니다. 여기서부터 말과 마찬가지로, 악마가 올 수도 있으니 그림도 그리지 말라는 의미에서 이런 관용어구가 생긴 것입니다.

[expression plus]
*sich freuen über ~ ~을 기뻐하다 (현재 상황에 대한 기쁨)
*sich freuen auf ~ ~을 즐겁게 기다리다 (앞으로 올 일에 대한 기쁨)
*dürfen nicht ~해서는 안 된다.
*müssen nicht ~할 필요 없다.

171위 어떤 일을 잘 할 수 있다는 강한 자신감을 나타낼 때

Für mich ist das ein Kinderspiel.

M: Kannst du das Referat gut halten?
F: Für mich ist das ein Kinderspiel.
Verlass dich auf mich.

*das Referat 발표 *halten 행하다 *das Kinderspiel 장난 *sich verlassen 믿다

나한테는 식은 죽 먹기야.

M: 너 발표 잘 할 수 있겠어?
F: 나한테는 식은 죽 먹기야. 나만 믿어.

[해설]

아이들의 놀이나 장난을 뜻하는 말 Kinderspiel은 '쉬운 일, 그리 신경쓰지 않아도 되는 일'을 가리키는 말이기도 합니다. 그래서 'Das ist ein Kinderspiel.'이라고 말하면 아주 쉽고 문제될 것이 없는 일을 뜻하는 표현입니다. für 뒤에 사람을 나타내는 목적격을 쓰고 ein Kinderspiel sein이라고 하면 '(누구)에게 아주 쉽다'라는 뜻이 되죠. 그래서 '식은 죽 먹기'라는 의미가 됩니다.

[expression plus]

*Für mich ist das ein Kinderspiel. = Für mich ist das ganz leicht.
= Für mich stellt das kein Problem dar.
*재귀대명사 없이 동사 verlassen만 쓰면 '떠나다'라는 뜻이다.
Er hat seine Heimat verlassen. 그는 자기 고향을 떠났다.

172위 힘이나 돈을 들이지 않고 거저 얻은 것은 없음을 인지 시킬 때

Nichts ist umsonst.

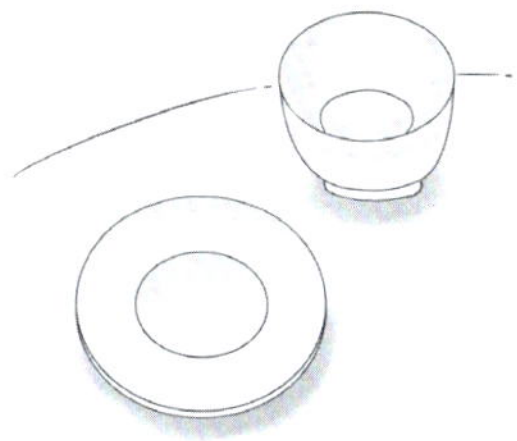

F: Ah, Scheiße! Ich habe ein kostenloses Spiel downgeloadet und bekomme seit dem, jeden Tag SMS-Spam!
M: Nichts ist umsonst.

*die Scheiße 똥 *kostenlos 무료 *das Spiel 게임 *down|loaden 내려받다
*umsonst 공짜로

세상에 공짜가 어딨어?

F: 정말 재수없어! 무료 게임을 다운받았는데 그 후부터 매일 스팸문자가 와.
M: 세상에 공짜가 어딨어?

[해설]
'세상에 공짜는 없다'라는 말에 해당하는 본문 문장을 직역하면 '이유없는 공짜는 없다'라는 말이 됩니다. umsonst라는 부사는 '공짜로, 무료로'라는 뜻이지만 nicht와 함께 쓰이면 '이유없이, 목적 없이'라는 말이 됩니다.

[expression plus]
*Deine Eltern haben nicht umsonst davor gewarnt.
니희 부모님이 까닭없이 경고한 거 아니야.
*downloaden이라는 동사는 영어 단어 download에서 온 말이지만 독일어 동사처럼 변화한다.
같은 뜻으로 herunterladen이 있다.
Ich habe das neue Update schon herunterladen.
나는 새 업데이트를 이미 다운받았어.

173위 본인의 품성은 쉽게 고치기가 어렵다는 표현을 할 때

Typisch für ihn!

M: Gestern hat er wiedermal getrunken und heute noch blau gemacht.
Typisch für ihn!

F: Kann man sagen!
Er verändert sich kaum.

*trinken 마시다 *blau 파란 *typisch 전형적인 *sich verändern 변하다

제 버릇 어디 가니.

M: 걔 또 어젯밤에 술 마시고 오늘 농땡이쳤어. 제 버릇 어디 가니.

F: 그러게 말이야. 이 사람은 왜 맨날 이 꼴이니.

[해설]

본문 문장은 '제 버릇 어디 가니' 내지는 '개 답다'라는 말에 해당하는 독일어 표현입니다. 문장을 직역하면 '그의 전형적인 특징'이라는 뜻이 됩니다. 사람 이름이나 집단 앞에 그냥 typisch만 붙여서 'typisch Angela!' 'typisch Deutche'라고 말할 수도 있습니다. '앙겔라답다!' '전형적인 독일인이네.'라는 뜻이 되죠.

[expression plus]

*blau machen은 '파랗게 만들다'라는 의미가 아니라 '할 일을 하지 않고 농땡이치다'라는 뜻이다.
*불규칙 동사변화 trinken – trank – getrunken

174위 현 상황에 대해 그럭저럭 긍정할 때

Besser als nichts.

M: Wir haben keinen Wein mehr.
Möchtet ihr Bier trinken?
F: Lass uns Bier trinken.
Besser als nichts.

*der Wein 와인 *das Bier 맥주 *besser 더 나은

없는 것보다야 낫지.

M: 와인이 다 떨어졌네. 너희 맥주 마실래?
F: 맥주 마시자. 없는 것보다야 낫지.

[해설]
'없는 것보다 낫다'라는 말은 핵심적인 비교급 단어만 사용해서 'Besser als nichts'처럼 관용어처럼 표현할 수 있습니다. als 는 '~보다 나은'이란 뜻으로, 비교급 형용사나 부사 뒤에 옵니다. 이처럼 비교급과 als를 사용한 다른 표현으로 '말이 쉽지'라는 말은 'Leichter gesagt, als getan.'라고 합니다.

[expression plus]
*Lass uns~ ~하자. Lass uns etwas essen. 우리 뭘 좀 먹자.
*알아두어야 할 기본적인 불규칙 비교급 변화 (규칙 변화는 –er, -est를 붙인다)
gut (좋은) – besser (더 좋은) – best (가장 좋은)
alter (나이 든) – älter (더 나이 든) – ältest(가장 나이 든)
groß (큰) – größer (더 큰) – größt(가장 큰)

175위 자신의 마음이나 상대에게 용기를 북돋울 때

Wollen ist Können.

F: Ich möchte mein eigenes Geschäft betreiben, aber ich trau es mir nicht.
M: Wollen ist Können.
Glaub an dich selbst!

*eigener 자기의 *das Geschäft 사업, 상점 *betreiben 경영하다
*sich trauen 자신하다 *glauben 믿다

마음만 먹으면 뭐든지 할 수 있어.

F: 나 사업을 하고 싶은데 자신이 없어.
M: 마음만 먹으면 뭐든지 할 수 있어. 자신감을 가져!

[해설]

조동사를 포함하여 독일어의 동사는 대개 앞 철자를 대문자로 써서 명사로 만들 수 있습니다. 기본적인 뜻은 동사의 뜻에 '~함, ~하기'라고 덧붙이면 됩니다. 그러므로 '~하고 싶다'라는 뜻의 wollen의 명사형 Wollen은 '원하기'라는 뜻과 더불어 '소망, 의향'이라는 뜻이 되고, können의 명사형 Können은 '할 수 있음', '능력'이라는 뜻이 됩니다. 그러므로 본문의 문장을 직역하면 '원하는 것이 할 수 있는 능력이 된다'라는 뜻이므로 '마음먹으면 할 수 있다'는 어구가 되지요.

[expression plus]

*an 목적어 glauben (목적어)를 믿다.
Glaub an mich. 날 믿어.

176위

서로 잘 통하는 친구들을 보고

Sie halten zusammen wie Pech und Schwefel.

M: Jan und Tim hängen immer zusammen ab.
Sie essen, lernen und treiben sogar Sport gemeisam.
F: Ja, sie sind beste Freunde und halten zusammen wie Pech und Schwefel.

*ab|hängen 의존하다 *treiben (운동)하다 *gemeisam 서로
*zusammen|halten 결속하다 *das Pech 역청 *der Schwefel 유황

재들은 붙어다니는 단짝이야.

M: 얀과 팀은 맨날 같이 있더라. 같이 밥먹고, 같이 공부하고, 같이 운동하기까지 해.
F: 그러게, 재들은 제일 친한 친구고 붙어다니는 단짝이야.

[해설]

아주 끈끈한 관계를 설명할 때 쓰는 독일어 표현은 재미있게도 '역청과 유황 같은'이라는 말입니다. 역청과 유황은 불을 붙이면 오랫동안 세게 타는 특징이 있어서 아주 친하고 뗄 수 없는 관계를 설명하게 되었다고 합니다. zusammenhalten은 두 가지의 것을 하나로 엮는다는 뜻에서 '결속하다, 함께 모으다, 소중히 간직하다'라는 여러 뜻을 만듭니다.

[expression plus]

* abhängen은 '걸려 있다' '의존하다'라는 뜻이다. 하지만 청소년들 사이에서는 '여가 시간을 함께 보내다'라는 뜻으로 어울려 논다는 뜻이다.
Sie hat das Bild an der Wand abgehängt. 그녀는 벽에 그림을 걸었다.
Seine Zukunft hängt von der Entscheidung seiner Eltern ab.
그의 미래는 부모님의 결정에 달려 있다.

177위 기회를 이미 놓쳤다는 말

Wir haben die Chance schon verpasst.

M: Wie schade!
Wenn wir das nur gewusst hätten!
F: Wir haben die Chance schon verpasst.
Darüber zu reden, ändert auch nichts daran.

*schade 유감스러운 *die Chance 기회 *verspassen 놓치다 *reden 말하다
*ändern 변하다

버스는 이미 지나갔어.

M: 너무 아쉽다! 미리 알았다면 좋았을 텐데!
F: 버스는 이미 지나갔어. 더 이상 말해봤자 소용없어.

[해설]

'버스가 이미 지나갔다'라는 말은 기회를 놓쳤다는 뜻이죠. 독일어로는 기회를 놓쳤다는 말을 말 그대로 die Chance verpassen이라고 표현합니다.

[expression plus]

*Wenn wir das nur gewusst hätten! = Hätten wir das nur gewusst!
*über 목적어 reden : (목적어)에 대해 말하다

178위 언제 어디에서나 적응이 뛰어난 사람을 보고

Er würde sogar auf einer Insel überleben.

M: Als Leon in Spanien angekommen ist, konnte er gar kein Spanisch, aber er hat eine Arbeit gefunden und Spanisch gelernt.
F: Wow. Ich glaube, er würde sogar auf einer Insel überleben.

*Spanien 스페인 *das Spanisch 스페인어 *sogar 심지어 *die Insel 섬
*überleben 살아남다

걘 어디 가도 굶어 죽진 않겠다.

M: 레온은 스페인어도 모르는 상태에서 스페인에 갔는데, 거기서 일하면서 말을 배웠대.
F: 와, 걘 어디가도 굶어 죽진 않겠다는 생각이 드네.

[해설]

우리도 생활력이 강한 사람을 보고 '재는 무인도에 떨어져도 살 사람'이라고 하지요? 어디서든 살아남을 만한 강한 적응력을 가진 사람을 빗대어 말할 때 독일어로는 '섬에서 살아남을 수도 있다'라고 표현할 수 있습니다.

[expression plus]

*'생활력'이라는 말은 독일어로 Lebenskraft라고 한다.
Jakob ist ein Mensch mit viel Lebenskraft. 야콥은 생활력이 아주 강한 사람이다.
*Spanien 스페인 das Spanisch 스페인어
ein Spanier 스페인 남자 eine Spanierin 스페인 여자

179위 어떤 사람의 행동 등이 만족스럽지 못할 때

Er ist halt so.

F: Ich mag Jonas gar nicht.
Er behandelt mich ohne Grund unfreundlich.

M: Er ist halt so. Keiner mag ihn.

*mögen 좋아하다 *behandeln 대우하다 *der Grund 이유 *unfreundlich 불친절한

걔 원래 그런 애야.

F: 나 요나스 맘에 안 들어. 이유도 없이 나한테 되게 불친절해.

M: 걔 원래 그런 애야. 그래서 아무도 걔 안 좋아해.

[해설]

독일어에서 파악하기 쉽지 않은 쓰임을 가진 단어가 몇 개 있는데요, 그중 하나가 바로 halt입니다. halt는 eben과 거의 비슷한 뜻으로, '그냥' 또는 '바로 그러한'이라는 뜻입니다. 그래서 'Er ist halt so.'라는 말은 '그는 그냥 그런 사람이다, 바로 그런 식이 그의 천성이다'라고 해석할 수 있습니다. halt가 들어간 문장이 나올 때마다 감각을 익히려고 노력해 보는 것이 중요합니다.

[expression plus]

*본문의 쓰임은 부사 halt이고, 명사 Halt는 '정지, 휴식, 정류장'이라는 뜻이다.
Der Fahrstuhl ist ohne Halt bis zum 9. Stock gefahren.
엘리베이터가 중간에 서지 않고 10층까지 한 번에 갔다.

*동사 halten의 명령문으로 Halt! (멈춰!)도 있다.

180위 신성하다시피 매우 중요한 것을 표현할 때

heilige Kuh

M: Jannik hängt wirklich an seinem BMW.
Fast jeden Tag wäscht er das Auto.

F: Genau. Das ist seine heilige Kuh.

*hängen 애착을 가지다 *fast 거의 *waschen 씻다 *genau 정확한 *heilig 거룩한

신성불가침, 신줏단지

M: 야닉은 자기 BMW 자동차 진짜 아끼더라. 거의 매일 세차하던데.

F: 맞아. 그 차 걔한테는 아주 신줏단지야.

[해설]

heilige Kuh라는 말을 직역하면 '거룩한 소'라는 뜻입니다. 이건 바로 힌두교 국가 인도에서 소를 신성시하는 데서 온 말입니다. 독일어에서는 이 표현이 발전하여 절대로 건드려서는 안 되는 아주 소중하고 귀중한 대상이나 개념을 지칭하는 말이 되었습니다.

[expression plus]

*hängen an ~ ~에 애착을 가지다, 집착하다
*eine heilige Kuh schlachten 터부를 깨다
*der Heilige Vater = der Papst 교황

181위 - 200위 순위

181위 개나 소나
182위 도긴개긴이야.
183위 내가 곁에 있어 줄게.
184위 친구 좋다는 게 뭐야?
185위 아무한테도 말하지 마.
186위 기죽지 말고 힘내!
187위 돈 한 푼도 없어.
188위 완전히 필름이 끊겼어.
189위 난 최선을 다했어.
190위 너 진짜 어머니와 판박이구나.
191위 타고 난 거야.
192위 동전 던져서 누가 갈지 결정하자고!
193위 맹세해!
194위 엄살 떨지 마.
195위 불행 중 다행이다!
196위 멍청한 짓 하지 마!
197위 그만해! (그만두지 못해!)
198위 내 말 명심해!
199위 너 제정신이니?
200위 말해봤자 소용없어.

181위 Hinz und Kunz

182위 Ich finde beide gleich.

183위 Ich bleibe bei dir.

184위 Dafür sind Freunde da.

185위 Erzähl es niemandem.

186위 Kopf hoch!

187위 Ich bin pleite.

188위 Ich hatte ein komplettes Blackout.

189위 Ich habe mein Bestes gegeben.

190위 Du bist deiner Mutter wie aus dem Gesicht geschnitten.

191위 Meine Eltern haben mir das Talent vererbt.

192위 Werfen wir eine Münze und entscheiden wer geht!

193위 Mein Ehrenwort!

194위 Sei nicht so zimperlich.

195위 Da hast du aber Glück im Unglück gehabt!

196위 Lass den Unsinn!

197위 Hör auf!

198위 Merk dir meine Worte!

199위 Hast du einen Knall?

200위 Es lohnt sich nicht mit ihm zu reden.

181위 아무나 다 하는 것을 일컬을 때

Hinz und Kunz

M: Wohin gehst du mit deiner Familie auf Urlaub? Mallorca, oder Tirol?
F: Hinz und Kunz machen Urlaub auf Mallorca. Ich fahre lieber nach Frankreich.

*wohin 어디로 *der Urlaub 휴가 *lieber 오히려, 그보다는

개나 소나

M: 너 가족이랑 휴가 어디로 갈 거야? 마요르카? 아니면 티롤?
F: 마요르카는 개나 소나 휴가가는 곳이잖아. 나는 그보다는 프랑스에 가고 싶어.

[해설]

Hinz와 Kunz는 중세시대 흔한 이름이었던 하인리히(Heinrich)와 콘라트(Konrad)의 축약형입니다. 독일 중세 역사를 보면 이 이름들을 가진 황제와 제후가 많습니다. 그래서 그 아래 영주들과 평민들까지도 황제의 이름을 따서 자녀들의 이름을 지었고, 그 결과 엄청나게 많은 Heinrich와 Konrad가 생겨났죠. 그래서 시간이 흘러 이 이름의 유행이 지나버리게 되자 오히려 이 이름들은 '아무나'라는 경멸적인 뜻으로 변해버린 겁니다.

[expression plus]

*wohin 어디로 (가는) ⇔ woher 어디에서 (오는)
*Mallorca는 스페인의 섬이고 Tirol은 오스트리아 서부에서 이탈리아 북부에 걸친 지역이다. 두 지역 모두 독일 사람들이 흔히 가는 여행지이다.

182위 별다를 게 없는 두 가지 것을 가리킬 때

Ich finde beide gleich.

M: Schau mal, siehst du da hinten die zwei Mädchen?
Die mit den roten Haaren gefällt mir. Die andere ist hässlich.

M: Meinst du? Ich finde beide gleich.
Mir gefallen beide nicht.

*hinten 뒤에 *rot 빨간 *das Haar 머리카락 *hässlich 못생긴 *gleich 똑같은

도긴개긴이야.

M: 저기 봐. 뒤에 있는 여자애들 보여? 빨간 머리 애 맘에 든다. 다른 애는 못생겼는데.

M: 그래? 내가 보기엔 도긴개긴이네. 둘 다 별로야.

[해설]

'도긴개긴'이라는 말에 해당하는 독일어로는 Jacke wie Hose라는 말이 있습니다. 17세기 당시에 같은 옷감으로 재킷과 바지를 만들었다는 데서 유래된 말로, 두 가지가 다를 게 없다는 뜻입니다. 하지만 젊은이들이 쓰기에는 살짝 고풍스러운 느낌이 있는 말이니, '나는 둘 다 똑같이 보여'라는 말인 'Ich finde beide gleich.'라는 말을 써도 좋습니다.

[expression plus]

*hässlich (못생긴) – mittelmäßig (그저 그런) – schön (잘 생긴, 아름다운)
Er ist ein schöner junger Mann geworden. 그는 잘 생긴 젊은 남자로 컸다.

*süß (귀여운) ein süßes Baby 귀여운 아기
hübsch (예쁜, 귀여운) ein hübsches Mädchen 귀여운 여자애

183위 두려워하는 상대방을 안심시킬 때

Ich bleibe bei dir.

F: Ich habe Angst davor, das ganze Wochenende allein zu Hause zu sein.
M: Keine Sorge. Ich bleiben bei dir.

*die Angst 두려움 *allein 홀로 *die Sorge 걱정 *bleiben 머무르다

내가 곁에 있어 줄게.

F: 주말 내내 혼자 집에 있어야 한다는 게 너무 무서워.
M: 걱정 마. 내가 곁에 있어 줄게.

[해설]

전치사 bei는 '가까이, 곁에'라는 뜻으로 동사와 맥락에 따라 여러 뜻이 가능합니다. 여기서 bei dir라고 하면 '너의 집에서'라는 뜻도 될 수 있고 '너의 곁에'라는 뜻도 가능합니다.

[expression plus]

*관용적으로 zu Hause(집에)와 nach Hause(집으로)라는 두 표현은 Haus에 e를 덧붙여 쓴다. 이것은 옛 독일어에서 여격(Dativ)의 접미사였던 것이 그대로 굳어진 표현이다.
*Keine Sorge. = Keine Angst. = Keine Bange.

내가 도운 친구의 심적 부담을 덜어줄 때

Dafür sind Freunde da.

M: Ich verdanke dir alles.
Ohne dich hätte ich es gar nicht geschafft.
F: Das ist nicht der Rede wert.
Dafür sind Freunde da.

*verdanken ~에게 신세를 지다 *schaffen 해내다 *die Rede 말 *wert 가치 있는

친구 좋다는 게 뭐야?

M: 이건 다 네 덕분이야. 네가 없었다면 성공 못했을 거야.
F: 그런 말 마. 친구 좋다는 게 뭐야?

[해설]
본문의 문장을 직역하면 '그것을 위해 친구가 있는 거다'라는 뜻이 됩니다. 부드럽게 말해서 '친구는 그러라고 있는 것'이란 말이죠. '친구 좋다는 게 뭐냐?'에 해당하는 표현입니다.

[expression plus]
*소유격 명사 wert sein ~할 가치가 있다.
Er ist ihr nicht wert. 그녀는 그 남자에게는 과분하다.
Eigener Herd ist Goldes wert. 자기 집 화덕은 금만한 가치가 있다 (자기 집이 최고다)

185위 비밀 이야기 할 때 쓰는 말

Erzähl es niemandem.

F: Das habe ich niemandem außer dir gesagt.
Erzähl es niemandem.
M: Okay. Ich halte es geheim.

*niemand 아무도 아니다 *außer ~외에 *erzählen 이야기하다
*geheim|halten 비밀로 하다

아무한테도 말하지 마.

F: 이건 너한테만 이야기한 거야. 아무한테도 말하지 마.
M: 알았어. 비밀 지킬게.

[해설]

niemand는 '아무도~ 아니다'라는 뜻으로 이 말이 들어가면 nicht가 없어도 부정문이 됩니다. 그리고 대명사이기 때문에 격 변화를 합니다. 본문에 쓰인 niemandem은 여격(Dativ)으로 '~에게'라는 뜻이 덧붙어서 본문은 '아무에게도 그것을 이야기하지 마'라는 말이 됩니다.

[expression plus]

*불규칙 동사변화 geheim|halten - geheim|hielt - geheimgehalten
*geheimhalten동사는 2인칭 단수형(du hältst geheim)과 3인칭 단수형(er hält geheim)이 불규칙하게 변한다.

186위 어떤 것 때문에 너무 낙담하지 말라고 할 때

Kopf hoch!

F: Ich bin bei der DSH-Prüfung durchgefallen, obwohl ich bisher sehr fleißig gelernt habe.
M: Kopf hoch! Das nächste Mal wirst du sie bestehen.

*obwohl ~에도 불구하고 *bisher 이제까지 *der Kopf 머리 *das nächste Mal 다음 번

기죽지 말고 힘내!

F: DSH시험에 떨어졌어, 그 동안 정말 열심히 했는데.
M: 기죽지 말고 힘내! 다음엔 붙을 수 있을 거야.

[해설]

독일어로 '힘 내!'라는 표현은 고개를 위로 들라는 말로 표현해서 'Kopf hoch!'라고 합니다. 반대로 기가 죽어 움츠러든 모습은 고개를 숙인다는 뜻으로, den Kopf hängen lassen'이라고 말합니다.

[expression plus]

*열심히 공부하다 fleißig lernen
*시험에 떨어지다 bei der Prüfung durchgefallen sein
- 시험에 합격하다 die Prüfung bestehen
*DSH (Deutsche Sprachprüfung für den Hochschulzugang) 대학입학자격 독일어시험
*TestDaF (Test für Deutsch als Fremdsprache) 제2외국어로의 독일어 시험
*ZD (Zertifikat Deutsch) 독일어 시험

187위 수중에 돈이 없을 때

Ich bin pleite.

M: Hast du noch keine Arbeitsstelle gefunden?
Zahlst du noch die Miete?
F: Ich bin pleite.
Kannst du mir bitte 50 Euro leihen?

*die Arbeitsstelle 일자리 *finden 찾다 *die Miete 월세 *pleite 파산한
*leihen 빌려 주다

돈 한 푼도 없어.

M: 너 아직도 일자리 못 찾았어? 집세는 내고 있냐?
F: 돈 한 푼도 없어. 50유로만 좀 빌려 줄래?

[해설]

pleite는 구어체스러운 단어로 첫 번째 뜻은 '회사가 망한'이란 뜻입니다. 거기에서 나아가 평상시에 쓸 때는 살짝 농담조로 '당장 쓸 돈이 없는, 가난한'이라는 뜻이 됩니다. 그래서 '나 한 푼도 없어, 빈털터리야.'라고 해석할 수 있습니다.

[expression plus]

*독일에서 집을 계약하면 매달 월세(Miete)를 내는데, 월세에는 두 가지 종류가 있다. 우선 Kaltmiete는 오로지 집에 대한 월세를 뜻한다. 그 말은 전기(Strom), 수도(Wasser), 난방(Heizung) 등 부가비용(Nebenkosten)이 들어 있지 않아서 따로 지불해야 한다는 뜻이다. 반대로 Warmmiete는 집세에 모든 비용이 포함되어 있는 것을 뜻한다.

188위 술을 너무 많이 마셔서 기억이 나지 않을 때

Ich hatte ein komplettes Blackout.

F: Bist du gut nach Hause gekommen?
M: Ich habe gestern zu viel getrunken und hatte ein komplettes Blackout.
Ich habe keine Ahnung, wie ich nach Hause gekommen bin.

*komplett 완전한 *der (das) Blackout 정전, 의식 상실

완전히 필름이 끊겼어.

F: 어제는 집에 잘 들어갔어?
M: 나 어제 너무 많이 술 마셔서 완전히 필름이 끊겼어.
집에 어떻게 들어왔는지 모르겠어.

[해설]

Blackout은 영어에서 온 말로 독일어에서도 똑같이 '정전'이나 '의식 상실'을 나타냅니다. 보통 외래어는 중성명사로 표시하지만, 흔히 쓰이는 말 중에는 성이 하나로 확실히 정해지지 않은 명사들도 있습니다. ein Blackout haben이라는 표현은 '정신을 잃다'라는 뜻으로, 흔히 술을 먹어서 인사불성이 된 상태를 가리킬 때 쓸 수 있습니다.

[expression plus]

*독일에는 우리나라의 국립국어원처럼 독일어를 관장하는 국립기관이 없기 때문에, 어떤 명사의 성이나 동사 변화나 전치사 사용 등에 표준이 정확히 정해지지 않은 때가 간혹 있다. 예를 들어 요구르트를 나타내는 Joghurt는 정관사로 der, die, das 모두 다 쓸 수 있다.

189위 자신의 입장에서 최선을 다 했을 때

Ich habe mein Bestes gegeben.

F: Jetzt hängt alles vom Glück ab.
Ich habe mein Bestes gegeben.
M: Du hast dich sehr bemüht.
Niemand kann dir die Schuld bei einem Misserfolg geben.

*ab|hängen ~에 달려 있다 *das Glück 행운 *sich bemühen 애쓰다
*die Schuld 죄, 책임 *der Misserfolg 실패

난 최선을 다했어.

F: 이번 일은 모두 하늘의 뜻에 달려 있어. 난 최선을 다했어.
M: 넌 정말 열심히 노력했잖아. 실패해도 네 책임이라 할 수 없어.

[해설]
'최선을 다하다'라는 표현은 독일어로 sein Bestes tun/geben으로 표현할 수 있습니다. 여기서 Bestes는 '가장 좋은'이라는 형용사 best에서 파생한 중성명사로, '가장 좋은 것, 최선'이라는 뜻입니다. 이 단어는 어미가 문장 안에서 형용사처럼 변화합니다. 그래서 여기서는 sein Bestes라고 쓰지만, 앞에 das가 붙으면 das Beste라고 씁니다.

[expression plus]
*von ~ abhängen ~에 달려 있다.
*die Schuld für ~geben ~에 책임을 지우다

190위 닮은 사람을 가리켜

Du bist deiner Mutter wie aus dem Gesicht geschnitten.

F: Das ist mein Familienfoto.
Das ist mein Vater und das ist meine Mutter.
M: Du bist deiner Mutter wie aus dem Gesicht geschnitten.

*das Familienfoto 가족 사진 *das Gesicht 얼굴 *schneiden 자르다

너 진짜 어머니와 판박이구나.

F: 이게 우리 가족사진이야. 이게 엄마, 이게 아빠야.
M: 너 진짜 어머니와 판박이구나.

[해설]

누군가와 꼭 닮은 상황을 말할 때 독일어로는 '얼굴을 보고 조각한 것 같다'라고 말합니다. 여기서 schneiden은 '자르다'라는 기본적인 뜻이 아니라 '조각하다'라는 뜻으로 쓰인 것이죠. 우리말에 있는 판박이라는 표현과 비슷하다고 할 수 있습니다.

[expression plus]

*wie aus dem Gesicht geschnitten sein
– äußerlich sehr ähnlich sein 외모가 매우 닮다
*불규칙 동사변화 schneiden – schnitt - geschnitten

191위 자신의 능력을 상대에게 뽐낼 때

Meine Eltern haben mir das Talent vererbt.

M: Niemand singt so schön wie du!
Wie kannst du so gut singen?

F: Meine Eltern haben mir das Talent vererbt.
Sie singen sehr gut.

*singen 노래하다 *die Eltern 부모 *das Talent 재능 *vererben 유산으로 남기다

타고 난 거야.

M: 너처럼 노래 잘 부르는 사람은 없어! 넌 어떻게 그렇게 노래를 잘해?

F: 타고 난 거야. 부모님이 노래를 잘 하거든.

[해설]

'타고났다'라는 말은 여러가지로 표현할 수 있지만, 여기서는 부모님의 노래 실력을 물려받았다는 뜻이므로 '부모님이 나에게 재능을 물려주다'로 말할 수 있습니다. vererben 동사는 '유산으로 남기다, 유전시키다'라는 뜻이므로 재능이 유전으로 타고난 것이라는 설명이 됩니다.

[expression plus]

*eine natürliche Begabung 타고난 재능
*불규칙 동사변화 singen – sang – gesungen

192위 어떤 결정을 할 때

Werfen wir eine Münze und entscheiden wer geht!

F: Wir haben kein Bier mehr.
Geh und kauf uns eine Kiste Bier.
M: Warum immer ich?
Werfen wir eine Münze und entscheiden wer geht!

*kaufen 사다 *die Kiste 상자 *werfen 던지다 *die Münze 동전
*entscheiden 결정하다

동전 던져서 누가 갈지 결정하자고!

F: 집에 맥주가 다 떨어졌어. 네가 가서 우리 먹을 거 한 상자 사 와.
M: 왜 맨날 나야? 동전 던져서 누가 갈지 결정하자고!

[해설]
어떤 일을 누가 할 지 간단히 결정할 때는 동전 던지기나 가위바위보를 하지요. '동전을 던지다' 라는 말은 eine Münze werfen이라고 합니다. 동전에서 숫자가 있는 쪽은 Zahl, 그림이 있는 면은 Kopf입니다.

[expression plus]
*Entscheiden wir es durch eine Runde Schnick, Schnack, Schnuck.
가위바위보로 결정하자.
*불규칙 동사변화 werfen – warf – geworfen
*불규칙 동사변화 entscheiden – entschied – entschieden

193위 자신이 한 말을 믿어달라 말할 때

Mein Ehrenwort!

F: Du hast mir nicht die Wahrheit gesagt, oder?
M: Ich habe dir die Wahrheit gesagt!
Mein Ehrenwort!

*die Wahrheit 진실 *das Ehrenwort 명예를 걸고 한 약속, 선서

맹세해!

F: 너 나한테 솔직하게 말 안 했지, 안 그래?
M: 나 솔직하게 말했거든! 맹세해!

[해설]

본문의 상황에서 '맹세해!'라고 강하게 말하는 것은 자신의 말이 진실이라는 걸 믿어 달라는 뜻이죠. 독일어로는 이런 상황에서 'Ehrenwort!'라고 말합니다. Ehre는 '명예'라는 뜻이니 mein Ehrenwort는 자신의 명예를 걸고 하는 말이라는 뜻이죠. 완전한 문장으로 표현하자면 'Ich gebe dir mein Ehrenwort!' 또는 'Du hast mein Ehrenwort!'가 됩니다.

[expression plus]

*본문의 맥락과는 달리 정말로 '~을 맹세하다'라는 뜻은 schwören 또는 einen Eid ablegen이며 '맹세'는 Eid라고 한다.
*vor Gericht schwören 법정에서 맹세하다
*die ewige Liebe schwören 영원한 사랑을 맹세하다

194위 필요 이상으로 움츠러든 사람에게

Sei nicht so zimperlich.

M: Mir ist sehr kalt!
Aber wegen dir habe ich das Fenster aufgemacht! Bist du zufrieden?
F: Sei nicht so zimperlich.
Es ist doch gar nicht kalt!

*sich fühlen ~하게 느끼다 *wegen ~때문에 *auf|machen 열다 *zufrieden 만족한 *zimperlich 과도하게 예민한

엄살 떨지 마.

M: 나 너무 추워! 하지만 너 때문에 창문 연 거라고! 이제 됐냐?
F: 엄살 떨지 마. 하나도 안 춥구만!

[해설]

zimperlich는 '과도하게 예민한, 지나치게 수줍음을 타는' 이란 뜻입니다. 정도를 벗어난 과민 반응을 하지 말라는 명령문은 우리말로 '엄살 떨지 마'라고 할 수 있습니다. sein동사로 명령문을 만들 때는 다른 동사들이 2인칭에서 어미를 떼어내는 것처럼 하지 않고 특별한 변화형을 씁니다. 2인칭 duzen을 쓰면 sei , siezen은 seien을 써서 명령문을 만듭니다.

[expression plus]

*온도를 나타내는 형용사
heiß(더운) – warm(따뜻한) – kühl(시원한) – kalt(추운)
*Mir ist kalt. 춥다. (내가 추위를 느낀다는 뜻)
*Es ist kalt. 춥다. (날씨나 춥거나 온도가 낮다는 뜻)

195위 불행 가운데서 그나마 그만하면 다행이라는 말을 할 때

Da hast du aber Glück im Unglück gehabt!

M: Ich hatte heute einen Autounfall.
Gott sei Dank habe ich mich nicht verletzt.

F: Da hast du aber Glück im Unglück gehabt!
Es hätte viel schlimmer ausgehen können.

*der Autounfall 교통사고 *sich verletzen 다치다 *das Unglück 불운
*schlimm 나쁜 *aus|gehen 끝나다

불행 중 다행이다!

M: 나 오늘 교통사고 당했어. 하지만 다행이 다친 데는 없어.

F: 불행 중 다행이다! 까딱하면 큰 일 날 뻔 했구나.

[해설]

'불행 중 다행이다'라는 말은 독일어로는 '불운 속에서 행운을 갖다'라는 뜻으로 Glück im Unglück haben 이라 표현합니다. 비슷한 맥락에서 말할 수 있는 '까딱하면 큰일 날 뻔하다'라는 표현도 본문에 있는데요. 직역하면 '그것은 훨씬 더 나쁘게 끝날 수 있었다'라는 가정의 의미가 있는 문장입니다.

[expression plus]

*schlimm = schlecht
*Gott sei Dank = dem Himmel sei Dank 다행이
*불규칙 동사변화 aus|gehen - aus|ging – ausgegangen

196위 어떤 이가 행동이나 말 따위가 슬기롭지 못하고 둔하게 굴 때

Lass den Unsinn!

F: Lass den Unsinn!
Glaubst du wirklich, dass jemand wie Emma dich liebt?
M: Uff, das ändert nichts.
Ich liebe sie viel zu sehr.

*der Unsinn 멍청한 짓 *wirklich 정말로 *jemand 누군가 *lieben 사랑하다
*ändern 바꾸다

멍청한 짓 하지 마!

F: 멍청한 짓 하지 마! 정말로 엠마 같은 애가 너를 좋아할 거라고 생각해?
M: 휴, 그래도 어쩔 수 없어. 난 그 애를 정말 사랑하니까.

[해설]

동사 lassen의 원뜻은 '허락하다, 내버려 두다, ~하게 시키다'라는 뜻이지만, 흔히 일상 생활에서 쓰는 또 다른 뜻으로는 '그만두다'가 있습니다. 그래서 'Lass den Unsinn.'이란 말은 '멍청한 짓 그만 둬'라는 말이 되죠. 'Das ändert nichts.'라는 문장은 직역하면 '그것이 아무것도 바꾸지 않는다'라는 뜻으로, 그래봤자 바뀌는 건 아무것도 없다는 의미로 '어쩔 수 없다'라는 뜻이 됩니다.

[expression plus]

*Lass den Unsinn! = Mach keinen Unsinn!
*sehr는 '매우'라는 뜻이고, viel은 '많이', zu는 보통 sehr나 viel 앞에 붙어 '아주, 너무'라는 뜻이므로 viel zu sehr는 상당히 정도가 강하다는 의미다.

197위 어떠한 동작을 강력하게 그만 두도록 요구할 때

Hör auf!

F: Hör auf! Hör auf sie anzumachen!
Sie hat schon Nein gesagt!
M: Misch dich nicht ein.

*auf|hören 그만두다 *an|machen 추근대다 *sich ein|mischen 간섭하다

그만해! (그만두지 못해!)

F: 그만해! 걔한테 추근대지 마! 싫다고 하잖아!
M: 상관하지 마.

[해설]

'그만두다'라는 동사는 auf|hören입니다. 이 동사는 전철 부분인 auf가 분리되는 동사라서 이렇게 문장 맨 뒤로 가게 됩니다. '듣다'라는 동사 hören과는 전혀 상관없는 뜻이니 hören동사가 나올 때는 뒤에 전철이 있는지 확인하시기 바랍니다. '~을 그만두다'라고 부연설명을 하고 싶다면 dass나 본문처럼 zu 부정사를 이용해서 문장을 만들 수 있습니다.

[expression plus]

*nein sagen 싫다고 말하다
*Mach mich nicht an! 나한테 추근대지 마!
*Meine Schwiegermutter mischt sich in alles ein.
내 시어머니는 모든 일에 사사건건 간섭한다.

198위 상대방에게 따끔하게 충고할 때

Merk dir meine Worte!

F: Merk dir meine Worte!
Du musst dich beim Trinken beherrschen!

M: Oh Gott. Hör auf mich zu nerven!
Das ist nicht deine Sache!

*sich merken 명심하다 *sich beherrschen 자제하다 *auf|hören 그만두다
*nerven 신경질나게 하다 *die Sache 일, 용무

내 말 명심해!

F: 내 말 명심해! 너 술 좀 작작 마셔야 한다고!

M: 아 진짜. 나 짜증나게 하지 마! 너랑 상관없는 일이야!

[해설]

동사 merken은 '눈치채다, 인지하다'라는 말입니다. 거기에 재귀대명사가 붙은 sich merken은 '명심하다, 기억하다'라는 뜻이 되는데요. merken 동사와 함께 쓰는 재귀대명사는 여격(Dativ)의 형태, 즉 1인칭일 때는 mir, 2인칭일 때는 dir의 형태로 써야 합니다. 3인칭은 여격이든 목적격이든 모두 sich이지요.

[expression plus]

*Das ist nicht deine Sache! = Kümmere dich um deine Sache! 네 일이나 신경 써라.
*Gott은 독일어에서 감탄이나 감정 표출의 의미로 사용되는 경우가 많다.
Mein Gott! = Ach du lieber Gott! 아아, 이런, 아이고

199위 상대방의 생각이 이해가 되지 않을 때

Hast du einen Knall?

M: Ich habe mich dazu entschieden, die Schule abzubrechen.
F: Hast du einen Knall? Du hast ja schon zwei Jahre studiert!

*entscheiden 결정하다 *die Schule 학교 *ab|brechen 그만두다
*studieren 대학 공부를 하다

너 제정신이니?

M: 나 학교 그만두기로 했어.
F: 너 제 정신이야? 벌써 넌 2년이나 공부했잖아!

[해설]
Knall이라는 말은 쾅 소리나 폭음을 의미합니다. 그래서 'einen Knall haben'이라는 표현은 머리에 쾅 소리가 날 정도로 충격을 받아서 정상적인 생각을 할 수 없다는 의미에서 '제정신이 아니다'라는 뜻이 되었습니다. 비슷한 표현으로 'Bist du wahnsinnig (geworden)?'이 있습니다.

[expression plus]
*sich zu entschieden ~을 결심하다
*die Schule abbrechen 학교를 그만두다
*불규칙 동사변화 entscheiden – entschied - entschieden
*불규칙 동사변화 ab|brechen - ab|brach - abgebrochen

200위 아무런 쓸모나 득이 될 것이 없을 때

Es lohnt sich nicht mit ihm zu reden.

M: Hat dein kleiner Bruder wiedermal ohne Erlaubnis deinen MP3 genommen?
Warum sagst du nichts?

F: Es lohnt sich nicht mit ihm zu reden.

*klein 작은 *ohne ~없이 *die Erlaubnis 허가

걔랑 말해봤자 소용없어.

M: 네 동생이 또 네 허락없이네 MP3 가져갔어? 너는 왜 아무 말도 안 해?

F: 걔랑 말해봤자 소용없어.

[해설]

독일어 동사 lohnen은 '~할 만한 가치가 있다'라는 뜻입니다. 이것이 재귀대명사 sich와 쓰이면 '도움이 되다, 쓸모가 있다'라는 뜻이죠. 그래서 부정문을 만들면 '~해봤자 쓸모 없다, 소용없다'라는 뜻이 됩니다. mit ~ reden은 '~와 이야기하다'라는 뜻이니, 합치면 '말해봤자 소용없다'라고 표현할 수 있습니다.

[expression plus]

* 남동생은 형제를 뜻하는 Bruder에 '작나'라는 형용사를 붙여 kleiner Bruder라고 합니다. 반대로 형이나 오빠는 '나이 든'이라는 형용사 alt의 비교급 älter를 써서 älterer Bruder라고 합니다.

201위 - 220위 순위

201위 너 헛다리 짚었어.

202위 분위기 파악 좀 해!

203위 그건 너의 고정관념이야.

204위 너만 손해야.

205위 다 티 난다.

206위 빈둥거리지 마.

207위 액땜했다고 생각해.

208위 조금만 참고 견뎌봐.

209위 어디나 멍청한 놈들은 있기 마련이야.

210위 힘 내!

211위 뭐 때문에 화난 거야?

212위 모든 사람의 마음에 다 들 수는 없어.

213위 생각보다 별로인데.

214위 너무 챙피해.

215위 기분 진짜 안 좋아.

216위 그럴 기분이 아니야.

217위 너무 면목이 없어.

218위 뭐가 뭔지 하나도 모르겠어!

219위 나 큰일났어.

220위 이 짓이 벌써 지겨워 죽겠어!

201위 Du bist auf dem Holzweg.

202위 Das ist wirklich unpassend!

203위 Das ist dein Vorurteil!

204위 Es ist nur zu deinem Schaden.

205위 Es steht in deinem Gesicht geschrieben.

206위 Sei nicht so faul.

207위 Scherben bringen Glück.

208위 Hab doch etwas mehr Geduld.

209위 Überall gibt's doofe Menschen.

210위 Toi, Toi, Toi!

211위 Worüber ärgerst du dich?

212위 Allen zu gefallen ist unmöglich.

213위 Es ist schlechter als ich dachte.

214위 Ich habe mich wirklich blamiert.

215위 Ich bin heute wirklich schlecht drauf.

216위 Ich habe keine Lust.

217위 Ich schäme mich so.

218위 Ich bin schon ganz durcheinander.

219위 Ich bin in Not.

220위 Es ist mir jetzt schon sehr langweilig!

201위 누군가 엉뚱하거나 틀린 소리를 할 때

Du bist auf dem Holzweg.

M: Florian hat an seine Trennung Schuld.
F: Wenn du denkst, dass er daran schuld ist, bist du auf dem Holzweg.

*die Trennung 별거 *die Schuld 책임 *schuld 죄가 있는, 책임이 있는

너 헛다리 짚었어.

M: 별거하게 된 책임은 플로리안에게 있어.
F: 걔한테 책임이 있다고 생각한다면 넌 헛다리 짚은 거야!

[해설]
'헛다리 짚다'라는 말은 독일어로 auf dem Holzweg sein이라고 합니다. Holzweg이라는 말은 말 그대로 하면 '나무길'이라는 뜻으로, 아주 오래 된 표현입니다. 숲이 매우 울창했던 그 옛날, 말이나 수레에 목재를 싣고 숲을 지날 때는 종종 길을 잘못 들게 되는 경우가 많았던 데서 유래되었죠. 그래서 '길을 잘못 들다, 잘못 생각하다'라는 뜻이 되었습니다.

[expression plus]
*an ~ Schuld haben = an~ schuld sein ~에 책임이 있다.
Sie hat Schuld am Autounfall. 그녀는 그 교통사고를 낸 장본인이다.
*die Trennung 별거, die (Ehe)Scheidung 이혼

202위 분위기 파악 못하는 사람에게

Das ist wirklich unpassend!

M: Hallo zusammen!
Ich habe den Zulassungsbescheid von der LMU bekommen!
F: Du Dummkopf! Das ist wirklich unpassend!
Alina wurde nicht aufgenommen.

*der Zulassungsbescheid 입학 허가서 *der Dummkopf 바보 *klug 영리한, 신중한
*die Atmosphäre 분위기 *auf|nehmen 받아들이다

분위기 파악 좀 해!

M: 얘들아! 나 LMU대학 입학 허가서 받았어!
F: 이 멍청아, 분위기 파악 좀 해! 알리나는 떨어졌단 말이야.

[해설]

'분위기 파악을 하라'는 말은 지금 하는 행동이나 말이 상황과 어울리지 않는다는 뜻이겠죠. 그래서 독일어로는 '지금 그건 상황에 정말 안 어울린다'라고 표현해서 본문처럼 'Das ist wirklich unpassend!'라고 합니다. 또는 분위기를 신경 쓰라는 뜻에서 'Bitte achte mal auf die Stimmung.'이라는 표현도 쓸 수 있습니다.

[expression plus]

*불규칙 동사변화 auf|nehmen - auf|nahm - aufgenommen
*aufnehmen 동사는 2인칭 단수형(du nimmst auf)과 3인칭 단수형(er nimmt auf)이 불규칙하게 변한다.

203위 고정관념을 지적하고 싶을 때

Das ist dein Vorurteil!

M: Die Italiener sind nicht so pünktlich, findest du nicht?
F: Das ist dein Vorurteil.

*der Italiener 이탈리아 사람 *pünktlich 시간을 엄수하는 *das Vorurteil 선입견, 편견

그건 너의 고정관념이야.

M: 이탈리아 사람들은 시간을 잘 안 지키잖아, 안 그래?
F: 그건 너의 고정관념이야.

[해설]
'고정관념'은 독일어로 Vorurteil이라고 합니다. 이 단어는 '판단, 의견'이라는 뜻인 Urteil 앞에 vor를 붙인 말로, 먼저 판단을 해 버린다는 의미에서 '선입견, 고정관념'이라는 뜻이 되었습니다.

[expression plus]
*pünktlich wie die Maurer 아주 정확하게 시간을 지키는
*der Vorteil 이득, 장점 ⇔ der Nachteil 손해, 단점

204위 가망없는 일에 대해 참으라 말할 때

Es ist nur zu deinem Schaden.

F: Die Nachbarn machen wieder so eine laute Party.
Ich halte es nicht aus. Ich rufe die Polizei an.

M: Lass es. Es ist nur zu deinem Schaden.

*der Nachbar 이웃 *wieder 다시 *laut 시끄러운 *aus|halten 참다
*der Schaden 손해, 손상

너만 손해야.

F: 또 옆집이 시끄럽게 파티하네. 나 도저히 못 참겠어. 경찰에게 전화할래.

M: 그냥 놔 둬. 너만 손해야.

[해설]

'너만 손해야'라는 말은 독일어도 비슷합니다. 본문 문장을 직역하면 '그것은 너에게 손해만 될 뿐이다'라는 뜻이죠. 독일에서는 Ruhezeit라 하여 밤시간에는 소음을 낼 수 없는 법이 있습니다. 그래서 조용히 해 달라고 요청했음에도 계속해서 이웃이 시끄러운 소음을 낸다면 경찰에 전화하는 것이 가능합니다.

[expression plus]

*Schaden과 같은 형태의 동사 schaden 역시 '해치다, 손해를 주다'라는 뜻이다.
*불규칙 동사변화 aus|halten - aus|hielt - ausgehalten
*aushalten 동사는 2인칭 단수형(du hältst aus)과 3인칭 단수형(er hält aus)이 불규칙하게 변한다.

205위 어떤 태도나 기색을 전혀 감추지 못할 때

Es steht in deinem Gesicht geschrieben.

F: Hast du schon geahnt, dass ich ihn nicht mag?
M: Klar. Es steht in deinem Gesicht geschrieben.

*ahnen 눈치채다 *mögen 좋아하다 *klar 분명한 *das Gesicht 얼굴
*schreiben 쓰다

다 티 난다.

F: 내가 걔 싫어하는 거 너 눈치 챈 거야?
M: 그래, 다 티 난다.

[해설]

'얼굴에서 다 티가 난다'라는 말은 바로 얼굴에 감정이 드러난다는 뜻이죠. 독일어로는 '그것이 네 얼굴에 쓰여 있다'라고 표현할 수 있습니다. 여기서 stehen 동사는 be동사와 비슷한 용법으로, 형용사나 부사와 함께 쓰여 '~하다'라는 뜻이 됩니다. geschrieben은 schreiben의 과거분사로 '쓰여진'이라는 뜻입니다.

[expression plus]

*Deine Miene spricht aus, was auch immer du verheimlichst.
너의 얼굴을 보면 네가 항상 뭘 숨기는지 다 보이거든.
*불규칙 동사변화 schreiben – schrieb – geschrieben

206위 아무 일도 하지 아니하고 게으름을 피우며 놀기만 하는 사람을 보고

Sei nicht so faul.

F: Sei nicht so faul und lern mal fleißig!
M: Was ich tue, geht dich nichts an!

*faul 게으른 *lernen 배우다 *fleißig 성실한 *tun 하다 *an|gehen 상관있다

빈둥거리지 마.

F: 빈둥거리지 말고 착실하게 공부 좀 해라!
M: 내 일에 상관 마!

[해설]

독일어 형용사 faul은 '게으른, 빈둥거리는, 썩은'이란 뜻입니다. 그래서 sein 동사로 부정명령문을 만들어 본문처럼 '빈둥대지 마!'라고 표현할 수 있습니다. 'Was ich tue, geht dich nichts an.'이라는 말을 직역하면 '내가 하는 일은 너와 상관 없다'라는 뜻으로 의역하면 '내 일에 상관 마!'가 됩니다.

[expression plus]

*faul과 연관된 말 faulenzen 빈둥거리다, die Faulheit 게으름, 나태
Genug gefaulenzt! 이제 충분히 게으름 피웠잖아! 이제 그만 게으름 부려!
*불규칙 동사변화 tun – tat – getan
*불규칙 동사변화 an|gehen - an|ging - angegangen

207위 앞으로 닥쳐올 모질고 사나운 운수를 다른 고생으로 미리 대신할 때

Scherben bringen Glück.

M: Mein Spiegel ist zerbrochen!
Na toll, ich muss heute meine Klausur ablegen und jetzt verfolgt mir das Pech!

F: Ganz ruhig, keine Panik.
Scherben bringen Glück.

*der Spiegel 거울 *zerbrechen 부서지다 *ab|legen 치르다 *verfolgen 따라오다
*das Pech 악운

액땜했다고 생각해.

M: 거울이 깨졌어. 참 나, 나 오늘 시험봐야 하는데 이제 재수가 없어졌네!

F: 자, 아무것도 아냐, 놀라지 마. 액땜했다고 생각해.

[해설]

여성 명사 Scherbe는 '조각, 파편'이라는 뜻입니다. 본문 문장을 직역하면 '조각들은 행운을 가져온다'라는 말이 있죠. 이 말은 사실 깨진 그릇을 두고 속상한 마음을 달래려 나온 말이라고 하는데요. 우리 표현대로라면 '액땜'이라고 볼 수 있겠죠. 하지만 사실은, 거울을 깨면 좋지 않다는 말도 있답니다. 'Ein zerbrochener Spiegel bringt 7 Jahre Pech.'라는 미신이 있거든요. 그러니 거울은 깨지 않도록 조심하세요!

[expression plus]

*eine Klausur ablegen 필기시험을 치다
*Ganz ruhig 진정해, 차분해져 봐. Keine Panik 놀라지 마, 괜찮아.

208위 어려운 환경에 굴복하지 않고 버티기를 권할 때, 용기를 주기 위한 표현

Hab doch etwas mehr Geduld.

M: Das schaff ich nicht.
Ich geb's auf.
F: Hab doch etwas mehr Geduld.
Du wirst dich dran gewöhnen.

*schaffen 해내다 *auf|geben 포기하다 *die Geduld 인내
*sich gewöhnen 익숙해지다

조금만 참고 견뎌봐.

M: 난 이거 잘 해낼 수 없어. 그만 할래.
F: 조금만 참고 견뎌봐. 곧 익숙해질 거야.

[해설]

본문의 문장을 직역하면 '좀 더 인내심을 가져 봐'라는 뜻이 됩니다. hab는 haben 동사의 명령문 형태이고, etwas는 부사로 쓰이면 '좀, 약간'이란 뜻이 됩니다. doch는 실제로 아무런 뜻이 없지만, 앞서 나온 맥락에 반대하는 말을 할 때 그 말의 의미를 좀 더 강조해 주는 역할을 합니다.

[expression plus]

*sich an - gewöhnen ~에 익숙해지다
*Ich geb's auf에서 geb's는 geb es의 줄임말이다. es는 가끔 's의 형태로 축약되기도 한다.
Wie geht's? = Wie geht es dir?

209위 기분 나쁜 상황에 대응할 때

Überall gibt's doofe Menschen.

M: Hast du das auch gehört?
Sie schimpfen über uns, oder?
F: Lass dich nicht stören.
Überall gibt es doofe Menschen.

*schimpfen 욕하다 *stören 불쾌하게 하다 *überall 어디에나 *doof 멍청한

어디나 멍청한 놈들은 있기 마련이야.

M: 너도 들었어? 저 사람들 우리 보고 욕하는 거야?
F: 신경쓰지 마. 어디나 멍청한 놈들은 있기 마련이야.

[해설]

'어디나 멍청한 사람은 있다'라는 말은 독일어로도 그대로 표현합니다. doof는 '어리석은, 멍청한'이란 뜻으로, 본문의 문장은 'Überall gibt es dumme Menschen.'이라고 바꾸어 쓸 수 있습니다. 독일의 시민 의식은 높은 것으로 알려져 있지만, 어디를 가든 이상한 사람들은 있게 마련입니다. 만약 심한 모욕을 받는다면 주변에 도움을 청하고 경찰에 즉시 신고하는 게 좋습니다.

[expression plus]

*über ~ schimpfen ~에 대해 욕하다
*doof = dumm = blöd = dümmlich

210위 중요한 일을 치러야 하는 사람에게 격려의 말로

Toi, Toi, Toi!

F: Jetzt bin ich dran.
Ich bin so nervös.
M: Keine Angst, du wirst sehr gut sein!
Toi, Toi, Toi!

*nervös 신경질적인, 떨리는

힘 내!

F: 아, 이제 내 차례야. 정말 떨려.
M: 걱정하지 마. 넌 잘 할 수 있을 거야. 힘 내!

[해설]

toi, toi, toi라는 말은 '다 잘 될 거야'라는 의미입니다. 예전에는 큰일을 앞둔 사람을 격려할 때, 질투하는 악령을 불러들이지 않기 위해서 행운을 비는 말을 직접 하는 대신 나무를 세 번 두드리고 침을 세 번 뱉는 행동을 했다고 합니다. 시간이 흐르며 침을 뱉는 행동 대신 비슷한 소리가 나는 toi, toi, toi란 말을 하게 된 것이고요. 시험을 치거나 대회에 나가거나, 무대에 서는 등의 중요한 일을 앞둔 사람에게 하는 인사말입니다.

[expression plus]

*Ich bin dran. 내 차례다.
*über ~ nervös sein ~에 안절부절 못하다

211위 상대방의 안 좋은 안색에 대해 하는 말

Worüber ärgerst du dich?

F: Was für ein Gesicht machst du?
Worüber ärgerst du dich?
M: Ach, über mein Handy.
Es ist schon wieder kaputt.

*das Gesicht 얼굴 *sich ärgern 화내다 *das Handy 핸드폰 *kaputt 고장난

뭐 때문에 화난 거야?

F: 너 얼굴이 왜 그래? 뭐 때문에 화 난거야?
M: 아. 내 핸드폰 때문에. 또 고장났어.

[해설]

동사 ärgern은 '화나게 하다'라는 뜻입니다. 여기에 재귀대명사 sich가 붙으면 '화내다'라는 뜻이 되죠. 이 동사와 함께 쓰는 전치사는 über인데요. 이렇게 특정 전치사와 함께 다니는 동사로 '무엇'이라는 뜻의 의문문을 만들 때는 전치사에 wo를 붙여 만듭니다. 그래서 여기서는 worüber가 '무엇 때문에'라는 뜻이 되어 의문사를 대신합니다.

[expression plus]

*Was für ein Gesicht machst du?는 '무슨 (일 있길래) 얼굴이 그래? 무슨일이야?'라는 뜻이다.

212위 만장일치가 이루어질 수 없다는 걸 표현할 때

Allen zu gefallen ist unmöglich.

M: Warum ist Julian gegen meinen Plan?
Er hat mir den Tag verdorben.

F: Allen zu gefallen ist unmöglich.

*gegen ~에 반대한 *der Plan 계획 *verderben 망치다, 상하게 하다
*gefallen 마음에 들다 *unmöglich 불가능한

모든 사람의 마음에 다 들 수는 없어.

M: 율리안은 왜 내 계획에 반대하는 거지? 걔 때문에 나 오늘 기분이 안 좋아.

F: 모든 사람의 마음에 다 들 수는 없어.

[해설]

본문의 문장은 '모두에게 마음에 들게 하는 것은 불가능하다'라는 뜻입니다. '~하는 것'이라는 명사구를 만들려면 동사 앞에 zu를 붙이고, 동사에 딸려 오는 나머지 문구는 zu 앞으로 보내면 됩니다. 본문 문장은 주어가 allen zu gefallen인데, 이것을 뒤로 보내고 앞에는 가짜 주어로 es를 넣어서 'Es ist unmöglich, allen zu gefallen.'이라고 쓸 수도 있습니다.

[expression plus]

*Er hat mir den Tag verdorben. = Er hat mir heute die Laune verdorben.
*불규칙 동사변화 verderben – verdarb – verdorben

213위 기대에 미치지 못했을 때

Es ist schlechter als ich dachte.

M: Ich habe in der Prüfung eine Zwei bekommen.
Gut geschafft, oder?
F: Meinst du? Es ist schlechter als ich dachte.
Du hast doch gesagt, dass du natürlich eine Eins bekommen wirst.

*die Prüfung 시험 *schaffen 해내다 *denken 생각하다 *bekommen ~를 받다

생각보다 별로인데.

M: 시험에서 2등급 받았어요. 잘했죠?
F: 그래? 생각보다 별로인데. 네가 당연히 1점 받을 거라고 했었잖아.

[해설]

본문 문장은 비교급 문장입니다. '나쁜'이라는 형용사 schlecht에 er을 붙이고 als를 뒤에 넣으면 '~보다 나쁜'이란 뜻이 되죠. 문장을 직역하면 '내 생각보다 더 나쁘다'라는 뜻으로, 기대 이하라는 의미가 됩니다.

[expression plus]

*eine Zwei bekommen = eine Note 2 bekommen
*불규칙 동사변화 denken – dachte – gedacht
*불규칙 동사변화 bekommen – bekam - bekommen

214위 어떤 일이나 상황에서 실수로 인해 창피함을 당했을 때

Ich habe mich wirklich blamiert.

F: Wieso siehst du so bedrückt aus?
M: Ich habe einen riesigen Fehler beim Referat gemacht.
Ich habe mich wirklich blamiert.

*aus|sehen ~하게 보이다 *bedrückt 우울한 *das Referat 발표 *riesig 거대한
*der Fehler 실수

너무 챙피해.

F: 너 오늘 왜 이렇게 우울한 얼굴이야?
M: 발표하는데 큰 실수를 했어. 너무 챙피해.

[해설]

blamieren이라는 동사는 '모욕하다, 웃음거리로 만들다'라는 뜻입니다. 거기에 재귀대명사 sich가 함께 쓰이면 스스로를 웃음거리로 만든 형태이므로 '챙피하다, 웃음거리가 되다'라는 뜻이 됩니다.

[expression plus]

*einen Fehler machen 실수하다 = einen Irrtum begehen
*불규칙 동사변화 aus|sehen - aus|sah – ausgesehen
*aussehen 동사는 2인칭 단수형(du siehst aus)과 3인칭 단수형(er sieht aus)이 불규칙하게 변한다.

215위 기분이 몹시 우울할 때

Ich bin heute wirklich schlecht drauf.

M: Was ist mit dir los?
Hast du ein Problem?
F: Ich bin die Prüfung durchgefallen.
Ich bin heute wirklich schlecht drauf.

*los 일어난 *fühlen 느끼다 *wirklich 정말, 아주 *schlecht 나쁜

기분 진짜 안 좋아.

M: 너 왜 이래? 무슨 문제 있어?
F: 시험에 떨어졌어. 기분 진짜 안 좋아.

[해설]
fühlen 동사에 재귀대명사 sich를 쓰면 '~한 감정을 갖다'라는 뜻이 됩니다. 그래서 여러 가지 형용사를 붙이면 기분을 나타내는 표현이 됩니다. gar 는 부정의 뜻을 가진 부사로, 부정문을 훨씬 강조하는 역할을 합니다. drauf는 darauf에서 a가 생략된 형태로, '그것 때문에'라는 뜻입니다.

[expression plus]
*Was ist mit dir los? = Was ist los? 대체 무슨 일이야?
*Hast du ein Problem? = Gibt es ein Problem? 무슨 문제 있어?
*Ich fühle mich gar nicht wohl. = Ich fühle mich sehr schlecht.

216위 어떤 원인으로 인해 마음이 편치 않을 때

Ich habe keine Lust.

M: Gehen wir aus und haben ein paar Drinks.
Lass uns Spaß haben.
F: Nein. Ich habe keine Lust.
Ich bin heute bei der Prüfung durchgefallen.

*aus|gehen 외출하다 *paar 몇, 조금 *der Drink 술이 들어간 음료수 *der Spaß 재미
*die Lust 욕망, 의욕

그럴 기분이 아니야.

M: 나가서 한잔 하자. 재밌게 놀자구.
F: 싫어. 그럴 기분이 아니야. 난 오늘 시험에 떨어졌어.

[해설]
본문을 직역하면 '그럴 마음(의욕)이 없다'라는 뜻으로, 이 표현은 일상생활에서 가벼운 제안을 거절할 때 아주 흔히 쓰는 표현입니다. 그냥 'Keine Lust.'라고 두 단어만 말해도 되고, 무엇을 할 마음이 없다고 구체적으로 말하고 싶다면 전치사 auf를 써서 표현해도 됩니다.

[expression plus]
*Er hat keine Lust auf sein Studium. 그는 대학 공부에 관심이 없다.
*Ich habe keine Lust. = Ich habe keinen Bock.
*ein paar 두서넛, 몇, 조금, 얼마간
ein paar Minuten 몇 분 ein paar Worte 한두 마디 말

217위 부끄러워 남을 대할 용기가 없을 때

Ich schäme mich so.

M: Nimm es nicht so ernst!
Jeder kann mal durchfallen. Gehen wir nach Hause.

F: Nein, ich schäme mich so.
Wie kann ich so zu meiner Familie zurück?

*nehmen 잡다, 파악하다 *ernst 심각한 *durchfallen 떨어지다
*sich schämen 부끄럽다 *zurück|gehen 돌아가다

너무 면목이 없어.

M: 너무 심각하게 생각하지 마. 시험에 떨어질 수도 있지. 집에 가자.

F: 싫어. 너무 면목이 없어. 어떻게 이대로 가족들을 볼 수 있겠어?

[해설]

'면목이 없다'라는 말은 스스로를 부끄럽게 생각한다는 뜻이죠. 그래서 이 표현을 독일어로 하자면 동사 sich schämen을 써서 표현할 수 있습니다.

[expression plus]

*Schäm dich! 챙피한 줄 알아!
*Ich verdiene es nicht nach Hause zu gehen. 집에 갈 자격이 없어.
*불규칙 동사변화 nehmen – nahm - genommen
*nehmen 동사는 2인칭 단수형(du nimmst)과 3인칭 단수형(er nimmt)이 불규칙하게 변한다.

218위 여러 일이나 상황으로 인해 심경이 복잡할 때

Ich bin schon ganz durcheinander.

M: Bitte hör auf zu weinen.
Sag mir, was mit dir passiert ist.
F: Ich habe keine Ahnung.
Ich bin schon ganz durcheinander.

*auf|hören 그만두다 *weinen 울다 *durcheinander 제정신이 아닌

뭐가 뭔지 하나도 모르겠어!

M: 그만 울고 도대체 무슨 일이 있었는지 나한테 얘기해줘.
F: 나 아무것도 모르겠어. 뭐가 뭔지 하나도 모르겠어.

[해설]

durcheinander는 durch 에 '서로'라는 뜻의 부사 einander가 결합하여 만들어진 말로 '무질서하고 엉망인', '혼란스러운'이란 의미입니다. 어떠한 상황을 설명할 때는 '엉망진창인, 질서가 없는'이란 의미이고, 사람을 설명할 때는 '혼란스러운, 정신이 없는'이란 뜻이 됩니다.

[expression plus]

*Jetzt ist alles durcheinander. 지금 모든 게 엉망진창이다.
*durcheinander im Kopf 복잡한 머릿속
*전치사 + einander 형은 전치사의 뜻이 포함된 다양한 뜻을 만든다.
aneinander 서로 잇달아 aufeinander 겹쳐서, 포개어 beieinander 나란히, 함께
gegeneinander 서로 마주하고 nacheinander 차례차례로 miteinander 함께

219위 심각한 상황을 표현할 때

Ich bin in Not.

M: Ich bin in Not.
Ich habe meine Geldbörse und meinen Pass verloren.

F: Oh, Mann. Du musst zuerst die Bank anrufen, und morgen gehen wir zur Botschaft. Okay?

*die Not 위기, 곤란 *die Geldbörse 지갑 *der Pass 여권 *verlieren 잃어버리다
*die Botschaft 대사관

나 큰일났어.

M: 나 큰일났어. 지갑이랑 여권을 잃어버렸어.

F: 오, 세상에. 일단 은행에 전화를 하고 내일 대사관에 같이 가자. 알았지?

[해설]

'큰일나다'라는 말은 즉 '위기에 처하다, 곤란한 상황이 되다'라는 뜻이죠. 독일어로는 in Not sein이라는 표현을 쓸 수 있습니다. 이때는 Not에 관사를 붙이지 않습니다. sein 동사 말고 greaten 동사를 써서 in Not geraten이라고 하면 '곤경에 빠지다'라는 뜻이 됩니다.

[expression plus]

*eine Not leiden 고난을 받다, 역경에 시달리다
Sie haben die größte Not gelitten. 그들은 역경에 시달렸다.
*in Not bringen 곤경에 처하게 하다, ~때문에 곤란해지다
Die Pläne werden uns in große Not bringen.
그 계획들 때문에 우리는 엄청난 곤경에 처하게 될 것이다.
*불규칙 동사변화 verlieren – verlor – verloren

220위 넌더리가 날 정도로 지루하고 싶을 때

Es ist mir jetzt schon sehr langweilig!

M: Ich habe gehört, dass du einen Nebenjob bei einem Café hast. Stimmt das?
F: Ja. Es ist mir jetzt schon sehr langweilig!

*der Nebenjob 아르바이트 *das Café 카페 *stimmen 맞다 *langweilig 지루한

이 짓이 벌써 지겨워 죽겠어!

M: 너 커피숍에서 아르바이트 한다면서? 진짜야?
F: 응 맞아. 이 짓이 벌써 지겨워 죽겠어!

[해설]

'지겨워 죽겠다'는 말은 말하자면 '아주 지겹다'라는 뜻이죠. 본문의 문장을 직역하면 '이것은 지금 벌써 나한테 아주 지겹다'라는 말이 됩니다. '죽을 정도로 지겹다'라고 말하고 싶다면 sehr 대신 zum Sterben langweilig라고 할 수도 있습니다.

[expression plus]

*우리말로 '아르바이트'에 해당하는 독일어 단어는 Nebenjob이고, 명사 Arbeit는 보통 아르바이트 개념이 아닌 직업이나 일, 또는 연구를 뜻한다. 이 때 Nebenjob의 j 발음은 '욥'이 아니라 영어처럼 '좁'이라고 발음한다.

221위 - 240위 순위

221위 나 지금 급해!

222위 말실수였어.

223위 너무 건방지잖아!

224위 우리나라에서는 이런 행동은 있을 수 없는 일이야!

225위 꼴 좋다.

226위 너 나 놀리는 거니?

227위 걔 진짜 안되겠다!

228위 아 몰라, 배 째.

229위 한시름 놨다.

230위 마른 하늘에 날벼락 같다.

231위 나 완전 지쳤어.

232위 나 오늘 목이 쉬었어.

233위 나 콧물 나와.

234위 몸이 좀 안 좋아서.

235위 기운이 하나도 없어.

236위 머리에 벌집이 있는 것처럼 윙윙 울려.

237위 몸조리 잘 해!

238위 오늘 나 기분 끝내준다!

239위 운이 좋네!

240위 이보다 더 좋을 순 없어.

221위 Ich hab's eilig!

222위 Ich habe mich versprochen.

223위 Er ist ja schrecklich eingebildet!

224위 Bei uns hätte es ein solches Benehmen nicht gegeben!

225위 Das schadet ihm gar nicht.

226위 Willst du dich über mich lustig machen?

227위 Sie ist wirklich unmöglich!

228위 Du kannst mich mal.

229위 Mir ist ein Stein vom Herzen gefallen.

230위 wie ein Blitz aus heiterem Himmel

231위 Ich bin völlig erschöpft.

232위 Ich habe heute eine heisere Stimme.

233위 Meine Nase läuft.

234위 Ich fühle mich nicht wohl.

235위 Ich habe keine Kraft.

236위 Es summt in meinem Kopf wie in einem Bienenkorb.

237위 Gute Besserung!

238위 Heute bin ich wirklich gut gelaunt!

239위 Du bist ein Glückspilz!

240위 Besser geht's nicht.

221위 조바심 내는 상황에서

Ich hab's eilig!

M: Ich hab's eilig!
Wann kommt der Bus?

F: Hab doch etwas Geduld.
Er wird nach dem Fahrplan kommen.

*eilig 급한 *der Bus 버스 *die Geduld 인내 *der Fahrplan 차 시간표

나 지금 급해!

M: 나 지금 급해! 버스는 몇 시에 오는 거야?

F: 좀 참고 기다려. 시간표대로 오겠지.

[해설]

'급하다'라는 표현에는 여러 가지가 있지만, 그 중 하나가 haben 동사를 쓰는 것입니다. haben 동사는 '가지고 있다'라는 뜻 외에도 여러 쓰임이 있는데, 그 중 하나가 아무 뜻도 없는 대명사 es와 형용사를 함께 써서 그 형용사의 뜻으로 동사구가 되는 것입니다. 예를 들어 본문처럼 es eilig haben 하면 '급하다'라는 뜻이 되고, es bequem haben 은 '편하다', es weit haben은 멀다'라는 뜻이 됩니다. 그리고 흔히 1인칭 변화형 ich habe는 구어체에서 ich hab이라고 줄여 말하거나, 본문처럼 habe es 는 hab's라고 줄여 쓰기도 합니다.

[expression plus]

*Ich hab's eilig! = Ich bin eilig! = Ich bin in Eile!

222위 말을 잘못하여 실수를 저질렀을 때

Ich habe mich versprochen.

M: Entschuldigung, ich habe mich versprochen.
F: Ok. Ich verzeihe dir. Aber es gibt kein nächstes Mal!

*sich versprechen 말실수하다 *verzeihen 용서하다 *kein ~가 없다
*nächstes Mal 다음 번

말실수였어.

M: 미안해, 말실수였어.
F: 알았어. 용서할게. 하지만 다음 번엔 절대 그냥 넘어가지 않을거야!

[해설]

versprechen은 '약속하다'라는 뜻이지만, 재귀대명사 sich 와 함께 쓰이면 '말실수하다'라는 뜻이 됩니다. verzeihen 동사는 우리말로는 '~를 용서하다'로 목적격으로 해석이 되지만, 독일어에서는 '~에게'라는 여격(dir, Ihnen)을 쓴다는 점을 기억하세요.

[expression plus]

*versprechen 불규칙 동사변화 versprechen – versprach - versprochen
*es gibt ~가 있다
Es gibt kein nächstes Mal! 다음번이란 없어!

223위 안하무인으로 행동하는 사람을 가리켜

Er ist ja schrecklich eingebildet!

M: Ich habe mit Philipp ein ernstes Wort gesprochen.
Er ist ja schrecklich eingebildet!
F: Da hast du aber übertrieben.
Er ist nicht so böse, wie du denkst.

*schrecklich 심한, 끔찍한 *eingebildet 건방진, 거만한 *das Wort 말
*übertreiben 과장하다 *böse 나쁜

너무 건방지잖아!

M: 나 필립한테 한 마디 했어. 너무 건방지잖아!
F: 너 너무 심했어. 걔 그렇게 나쁜 애는 아니야.

[해설]

동사 sich einbilden은 '자부하다, 자만하다'라는 뜻입니다. 이 동사의 과거분사형 eingebildet은 '건방진'이라는 뜻의 형용사로도 쓰입니다. 문장 가운데 쓰인 ja는 무언가 놀라거나 불쾌함을 나타내는 문장에서 의미를 강조하는 뜻으로 쓰이기도 합니다. 그래서 schrecklich eingebildet이라는 불쾌한 마음을 더욱 강조해 줍니다.

[expression plus]

*ein ernstes Wort sprechen/reden 진지하게 말하다, 한 마디 하다
*böse = schlecht, schlimm
*불규칙 동사변화 übertreiben – übertrieb - übertrieben

224위 본인이 자라온 환경과는 다르게 이해가 안 되는 일을 보았을 때

Bei uns hätte es ein solches Benehmen nicht gegeben!

F: Bei uns hätte es ein solches Benehmen nicht gegeben!
M: Oh, Mann. Mach kein Stress.
Du schimpfst wie eine alte Dame.

*solch 이러한, 그러한 *das Benehmen 행동거지, 에티켓 *schimpfen 욕하다, 꾸짖다
*die Dame 숙녀, 부인

우리나라에서는 이런 행동은 있을 수 없는 일이야!

F: 우리나라에서는 이런 행동은 있을 수 없는 일이야!
M: 아, 진짜. 짜증내지 마. 너 꼭 할머니같이 투덜대는구나.

[해설]

bei uns라는 말은 맥락상 나와 상대방이 나누어지는 상황에서 '우리 쪽'이라는 뜻이 있습니다. 만약 본고장 사람과 타지역 사람이 있다면 '우리 지방'이라는 뜻이고, 자국민과 외국인이 있다면 '우리나라'라는 의미가 있습니다. Benehmen은 '행동하다, 처신하다'라는 동사 sich benehmen에서 나온 명사입니다. '~이 있다'라는 표현 es gibt에 가정을 나타내는 동사 hätte가 쓰이면 gibt는 원형 geben 으로 변하고, 의미는 '~라면 있었을 것이다'라는 뜻이 됩니다.

[expression plus]

*Benimm dich! 얌전히 있어!
*Benehmen Sie sich! 무례하게 굴지 마세요! 처신을 바로 하세요!
*sich nicht benehmen können 예의범절을 제대로 안 배웠다
Er kann sich nicht benehmen. 그는 가정교육이 안 된 사람이다.

225위 다른 사람이 응당 받아야 할 결과를 받았을 때

Das schadet ihm gar nicht.

F: Hast du gehört, dass Jonas in der Prüfung durchgefallen ist?
M: Das schadet ihm gar nicht.
Er war immer so eingebildet und hat auf die anderen Studenten herabgesehen.

*die Prüfung 시험 *schaden 해치다 *eingebildet 건방진 *herab|sehen 깔보다

꼴 좋다.

F: 들었어? 요나스 시험 떨어졌대.
M: 꼴 좋다. 맨날 잘난척 하면서 다른 애들 무시하더니.

[해설]

'그 사람(그 여자) 꼴 좋다, 샘통이다'라는 말에 해당하는 독일어 표현은 본문에 나왔듯 'Das schadet ihm(ihr) gar nicht.'입니다. 재미있게도 이 표현을 직역하면 '그것은 그(그녀)에게 전혀 해가 되지 않는다'인데요. 이것은 반어적 표현으로, 문장의 실제 의미는 '도리에 맞는 일이 일어나다 '라는 뜻으로 쓰이는 겁니다.

[expression plus]

*auf ~ herabsehen ~을 내려다보다, 깔보다
*Die Überarbeitung hat meiner Gesundheit geschadet. 과로해서 내 건강이 나빠졌다.

226위 누가 당신을 갖고 놀려고 할 때

Willst du dich über mich lustig machen?

F: Kannst du dieses Wort richtig aussprechen?
M: Willst du dich über mich lustig machen?
Natürlich kann ich das!

*aus|sprechen 발음하다 *lustig 우스운 *natürlich 당연한

너 나 놀리는 거니?

F: 너 이거 제대로 발음할 수 있어?
M: 너 나 놀리는 거니? 당연히 할 수 있지!

[해설]

'~을 놀리다'라는 본문의 표현은 조금 복잡합니다. 동사 machen에 재귀대명사와 전치사까지 필요하지요. sich über ~ lustig machen으로 쓰고, '~를 놀리다'라고 해석합니다. 한 단어로 표현하자면 '조소하다, 놀려대다'라는 의미인 auslachen이라는 동사도 있습니다.

[expression plus]

*불규칙 동사변화 aus|sprechen - aus|sprach - ausgesprochen

227위 터무니없이 행동하는 사람을 일컬을 때

Sie ist wirklich unmöglich!

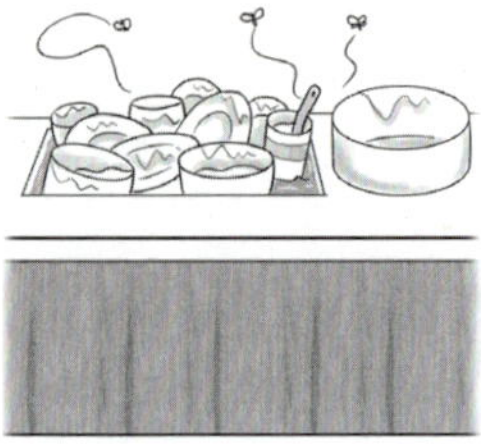

M: Pia ist wirklich unmöglich!
Nach dem Essen hat sie ihr Geschirr mitten im Wohnzimmer liegen gelassen!

F: Na, hör mal.
Das gehört nicht Pia. Das ist deine!

*das Geschirr 그릇 *mitten ~의 가운데에 *das Wohnzimmer 거실
*liegen lassen 그대로 두다 *gehören ~의 것이다

걔 진짜 안되겠다!

M: 피아 걔 진짜 안되겠다! 밥 먹고 나서 그릇을 거실 한복판에 놔 두다니!

F: 야, 들어 봐. 저거 피아 거 아니야. 네 거잖아!

[해설]

unmöglich는 '불가능한'이라는 뜻이지만 일상생활에서는 '비상식적인, 몰상식한'이라는 뜻으로도 씁니다. 부사 mitten은 보통 in, auf 등의 전치사와 함께 쓰여서 '한가운데에, 중앙에'라는 뜻을 만듭니다.

[expression plus]

*liegen lassen은 붙여 쓸 수도 있고 떼어 쓸 수도 있는 동사다.
*불규칙 동사변화 liegen lassen - liegen ließ - liegen lassen
(liegen gelassen이라고는 잘 쓰지 않는다)

228위 막무가내로 행동하는 모습을 일컬을 때

Du kannst mich mal.

F: Warum hast du nichts gemacht?
Du sollst bis zum Abend alles für die Party vorbereiten!

M: Du kannst mich mal.
Ich habe keine Lust mehr.

*nichts 아무것도 ~않다 *vor|bereiten 준비하다 *die Lust 흥미, 욕망

아 몰라, 배 째.

F: 너 왜 아무 것도 안 했어? 오늘 밤까지 파티 준비 다 해 놔야 해!

M: 아 몰라, 배 째. 나 더 이상 흥미가 없으니까.

[해설]

우리말의 '배 째!'에 해당하는 'Du kannst mich mal!'이라는 표현은 'Du kannst mich mal am Arsch lecken!'입니다. 직역하면 '내 엉덩이나 핥을 수 있겠네'라는 말이죠. 하지만 전체 문장은 실제로 입 밖에 내기에 좀 심한 말이기 때문에 본문처럼 줄여서 말합니다.

[expression plus]

*Du kannst mich mal. = Du kannst mich mich gern haben.
*bis zu ~까지 bis zum Schluss 마지막까지 bis zur Versasung 싫증날 때까지

229위 걱정하던 일이 해결되었을 때

Mir ist ein Stein vom Herzen gefallen.

M: Keine Sorge. ich lass mich auf deiner Party blicken.
Ich verspreche es.
F: Ah, mir fällt ein Stein vom Herzen.
Katharina hat mir mindestens 100 Mal gesagt, dass ich dich unbedingt mitbringen soll.

*blicken 나타나다 *versprechen 약속하다 *mindestens 최소한 *unbedingt 무조건
*mit|bringen 데리고 오다

한시름 놨다.

M: 걱정하지 마. 네 파티에 나도 꼭 갈게. 얼굴도장 찍을 테니.
F: 아, 한시름 놨다. 카타리나가 너 무조건 데려와야 한다고 나한테 100번은 말했거든.

[해설]

'한시름 놓다'라는 표현은 독일어로 '~에게서 마음에 돌 하나가 떨다'라는 의미로 ein Stein vom Herzen fallen이라고 합니다. 그리고 문장 앞에 주어가 되는 사람이나 인칭대명사의 여격(Dativ)을 써 주면 됩니다.이 문장에서는 나의 마음에 부담이 없어지는 것이므로 mir를 쓴 것이죠.

[expression plus]

*sich blicken lassen 잠시 들르다, 얼굴을 비추다
*불규칙 동사변화 mit|bringen - mitbrachte – mitgebracht
*불규칙 동사변화 fallen – fiel – gefallen
*fallen 동사는 2인칭 단수형(du fällst)과 3인칭 단수형(er fällt)이 불규칙하게 변한다.

230위 갑자기 말도 안 되는 일이 생겼을 때

wie ein Blitz aus heiterem Himmel

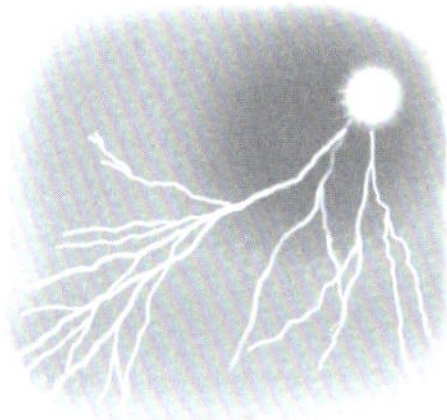

M: Ich brauche 8000 Euro um meine Aufenthaltserlaubnis zu verlängern!
Die Nachricht kam wie ein Blitz aus heiterem Himmel.
F: Du musst das Geld so schnell wie möglich beschaffen.

*brauchen 필요하다 *die Aufenthaltserlaubnis 체류허가서 *verlängern 연장하다
*die Nachricht 소식 *beschaffen 얻다

마른 하늘에 날벼락 같다.

M: 체류 허가 연장하려면 8000유로가 필요하다고!
마른 하늘에 날벼락 같이 소식이 왔네.
F: 너 가능한 한 빨리 돈을 구해야 해.

[해설]
'마른 하늘에 날벼락 같다'라는 말은 독일어로도 비슷합니다. 본문 문장을 직역하면 '맑은 하늘로부터 온 번개처럼'이라는 뜻이죠. 보통 독일에서 학생 신분으로 체류 허가를 받으려면 1년에 약 8천 유로의 돈을 통장에 가지고 있어야 합니다.

[expression plus]
*so ~ wie möglich 가능한 ~하게 so viel wie möglich 가능한 한 많이

231위 더 이상 기운을 차릴 수 없을 때

Ich bin völlig erschöpft.

나 완전 지쳤어

F: Was für ein blöder Tag!
Ich wünschte, ich könnte jetzt nach Hause gehen.
M: Ich auch. Ich bin völlig erschöpft.

*blöd 짜증나는 *wünschen 원하다 *völlig 완전한 *erschöpft 기진맥진한

나 완전 지쳤어.

F: 아 진짜 짜증나는 날이야! 당장 집에 갔으면 좋겠어.
M: 내말이. 나 완전 지쳤어.

[해설]
동사 erschöpfen의 원뜻은 '물을 다 퍼내다'라는 뜻입니다. 거기서 '지칠 대로 지치게 하다, 다 써버리다'라는 뜻이 생겼고, sich erschöpfen은 '지쳐버리다'라는 의미가 있습니다. erschöpft는 그 동사의 과거분사로, '기진맥진한'이란 뜻의 형용사로 쓰입니다.

[expression plus]
*was für ein ~ 무슨 종류의
*was für ein ~을 감탄사로 쓰면 '무슨 ~이 이러냐!'라는 뜻이다.
*Ich wünschte ich könnte~ ~할 수 있었으면 좋겠다

232위 목이 쉬었을 때

Ich habe heute eine heisere Stimme.

F: Ich habe heute eine heisere Stimme.
M: Das habe ich gestern schon geahnt.
Du hast gestern Abend in der Kneipe zu laut herumgeschrien!

*heiser 목이 쉬다 *die Stimme 목소리 *ahnen 눈치채다 *die Kneipe 술집
*herum|schreien 고함을 지르다

나 오늘 목이 쉬었어.

F: 나 오늘 목이 쉬었어.
M: 어제 보니 그럴 것 같더라. 너 어제 술집에서 아주 고함을 쳤잖아!

[해설]
독일어로 '목이 쉰'이라는 뜻은 형용사 heiser입니다. 그래서 본문처럼 '나는 오늘 쉰 목소리를 가졌다'라고 말할 수도 있고, 간단하게 'Ich bin heute heiser.'라고 표현해도 됩니다. 아니면 우리말에서 '목소리가 갔다'라는 표현처럼 'Die Stimme ist weg.'이라는 표현도 있지요.

[expression plus]
*sich heiser schreien 목이 쉬도록 소리를 지르다
*불규칙 동사변화 herum|schreien - herum|schrie - herumgeschrien

233위 콧물이 나올 때

Meine Nase läuft.

M: Meine Nase läuft.
Hast du ein Taschentuch?
F: Ja. Hier.
Putz dir doch die Nase.

*die Nase 코 *laufen 달리다, 흐르다 *das Taschentuch 손수건, 휴지 *putzen 닦다

나 콧물 나와.

M: 나 콧물 나와. 너 혹시 휴지 있니?
F: 응. 여기. 코 좀 닦아라.

[해설]

'콧물이 흐르다'라는 표현을 할 때는 laufen 동사를 써서 표현하는데, 재미있게도 이때 주어는 die Nase, 즉 '코'가 됩니다. Taschentuch는 보통 휴지를 이야기합니다. 독일에서는 아예 유명한 화장지 브랜드 중 하나인 Tempo를 대면서 'Hast du vielleicht einmal ein Tempo für mich?'하고 묻기도 합니다.

[expression plus]

*sich erkälten 감기 들다
Er hat sich bei dem Regen erkältet. 그는 비를 맞고 감기가 들었다.
*schnupfen 코를 훌쩍이다 Die Kinder schnupfen. 아이들이 코를 훌쩍인다.
*husten 기침하다 Sie hat die ganze Nacht gehustet. 그녀는 밤새 기침했다.

234위 감기가 걸릴 것 처럼 몸에 기운이 없을 때

Ich fühle mich nicht wohl.

M: Warum bist du heute nicht zur Schule gegangen?
F: Ich fühle mich nicht wohl.
Ich habe den ganzen Tag zu Hause keinen Finger gerührt.

*die Schule 학교 *sich fühlen 느끼다 *wohl 좋은, 건강한 *rühren 몸을 움직이다

몸이 좀 안 좋아서.

M: 오늘 왜 학교에 안 왔어?
F: 몸이 좀 안 좋아서. 오늘 꼼짝 않고 집에 있었어.

[해설]

'몸이 안 좋다'라는 말은 '느끼다'라는 말의 sich fühlen를 부정하여 표현할 수 있습니다. 여기서 형용사 wohl은 '몸이 건강한, 상쾌한'이란 의미이므로 부정문에서는 '몸이 안 좋은'이란 의미가 됩니다. 이 문장은 '기분이 안 좋다'라는 의미로 쓰이기보다는 '몸 상태가 안 좋다'라는 의미입니다.

[expression plus]

*keinen Finger rühren 손 하나 까딱 안 하다
*참고로 기분이 나쁘다는 표현은 다음과 같다.
Ich bin heute schlecht drauf. = Ich bin heute schlecht gelaunt.

235위 몸이 몹시 아파 기력이 없을 때

Ich habe keine Kraft.

M: Sie sehen sehr müde aus.
Fehlt Ihnen was?
F: Ich habe keine Kraft.
Alles tut mir weh.

*aus|sehen ~하게 보이다 *müde 피곤한 *fehlen 병이 나다 *die Kraft 힘
*weh|tun 아프다

기운이 하나도 없어.

M: 되게 피곤해 보이네요. 어디 아프세요?
F: 기운이 하나도 없네요. 온 몸이 아파요.

[해설]

'기운이 없다'라는 말은 독일어로도 그대로 '힘이 없다'로 표현하여 명사 Kraft 앞에 명사를 부정하는 kein을 여성형으로 e를 덧붙여 두어 만듭니다. 동사 wehtun은 '~가 아프다'라는 뜻이므로, 본문처럼 힘이 하나도 없고 온 몸이 아프다고 말한다면 우리말로 '몸살이 나다'와 비슷한 표현이 됩니다.

[expression plus]

*아프다는 표현으로 쓸 수 있는 fehlen과 wehtun은 문장에서 아픈 당사자를 여격(Dativ)으로 쓴다.
Fehlt Ihnen was? 당신 어디가 아픈가요? Alles tut mir weh. 나 온 몸이 아파요.
*불규칙 동사변화 weh|tun - weh|tat - wehgetan

236위 머리가 지끈지끈할 때

Es summt in meinem Kopf wie in einem Bienenkorb.

F: Hast du noch Kopfschmerzen?
Nimm eine Tablette!

M: Das habe ich schon. Aber es hilft nichts.
Es summt in meinem Kopf wie in einem Bienenkorb.

*die Kopfschmerzen 두통 *die Tablette 알약 *helfen 도움이 되다
*summen 윙윙 울리다 *der Bienenkorb 벌집

머리에 벌집이 있는 것처럼 윙윙 울려.

F: 또 두통 있어? 약 좀 먹어!

M: 이미 먹었어. 그런데도 효과가 없어. 머리에 벌집이 있는 것처럼 윙윙 울려.

[해설]

'머리가 울리다'라는 독일어 표현은 본문처럼 재미있게 표현할 수 있습니다. Biene는 '벌'이라는 뜻이고 Korb는 '바구니'를 뜻합니다. 그밖에도 두통을 나타내는 말로는 wie Stromschläge (전기가 통하는 것처럼), wie Haare ziehen (머리카락을 잡아당기는 것처럼) Kopfschmerzen wie Messerstiche (칼로 찌르는 것처럼) 등의 표현이 있으니 증상에 맞게 설명하시면 됩니다.

[expression plus]

*eine Tablette (ein)nehmen 약을 복용하다
*불규칙 동사변화 helfen – half – geholfen
*helfen동사는 2인칭 단수형(du hilfst)과 3인칭 단수형(er hilft)이 불규칙하게 변한다.

237위 병원에 문병을 갔을 때

Gute Besserung!

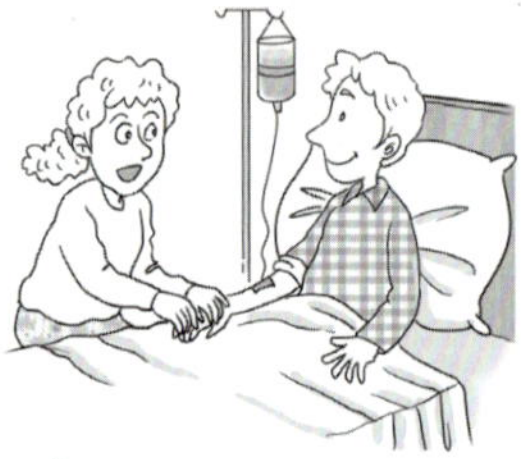

M: Vielen Dank für deinen Besuch.
F: Ich hoffe, du wirst schnell wieder gesund. Gute Besserung!

*der Besuch 방문 *hoffen 바라다 *gesund 건강한 *die Besserung 회복

몸조리 잘 해!

M: 문병 와 줘서 고마워.
F: 어서 다시 건강해지길 바랄게. 몸조리 잘 해!

[해설]
'Gute Besserung!'은 아픈 사람에게 하는 대표적인 위로의 인사말입니다. 우리말로는 '몸조리 잘 해!'나 '빨리 나아!'에 해당하는 말이죠. 좀 더 정중하게 말하고 싶다면 'Ich wünsche ihnen gute Besserung.'이라고 말할 수 있습니다.

[expression plus]
*Gute Besserung! = Gute Genesung!

238위 어떤 일로 마음이 흡족할 때

Heute bin ich wirklich gut gelaunt!

F: Heute bin ich wirklich gut gelaunt! Rate mal wieso!
M: Keine Ahnung. Hast du im Lotto gewonnen?

*gelaunt 기분이 ~한 *raten 알아맞히다 *das Lotto 복권 *gewinnen 당첨되다

오늘 나 기분 끝내준다!

F: 나 오늘 기분 끝내준다! 왠지 알아?
M: 몰라, 복권 당첨됐어?

[해설]

gelaunt라는 형용사는 '기분이 ~한'이라는 뜻입니다. 그래서 앞에 형용사를 붙이면 각각의 기분 상태를 나타낼 수 있죠. 예를 들어, '기분이 나쁜'은 schlecht gelaunt, '행복한 기분인'이라고 표현하려면 froh gelaunt라고 합니다.

[expression plus]

*Rate mal! 맞춰 봐! (또는) 뭐게?
*Keine Ahnung. = Ich weiß nicht. 몰라.
*불규칙 동사변화 raten- riet - geraten
*불규칙 동사변화 gewinnen – gewann – gewonnen

239위 뜻밖의 행운이 생긴 사람에게

Du bist ein Glückspilz!

F: Ich habe gehört, dass du hast im Lotto gewonnen hast?
Du bist ein Glückspilz!
M: Haha, bist du eifersüchtig?
Das Glück ist einfach auf meiner Seite!

*das Lotto 복권 *eifersüchtig 부러워하는 *das Glück 행운 *die Seite 편

운이 좋네!

F: 복권 당첨됐다며? 운이 좋네!
M: 하하, 부럽니? 행운은 내 편이라고!

[해설]

독일어에서는 운이 좋은 사람을 가리켜 Glückspilz라고 합니다. Glück은 행운이란 뜻이고, Pilz는 버섯이란 뜻인데요. 이 말이 처음 생겼을 17세기 당시에는 마치 버섯처럼 여기저기 생긴 벼락부자들을 욕하는 말이었다고 합니다. 그런데 시간이 흘러 의미가 변해서 '행운아'라는 뜻이 되었죠.

[expression plus]

*Du bist eifersüchtig auf mich! 너 나 질투하는구나!
*Er steht auf meiner Seite. 그는 내 편이야.

240위 매우 만족스러운 결과 또는 결과물을 보고

Besser geht's nicht.

F: Gefällt dir deine neue Wohnung?
M: Ja, besser geht's nicht.

*gefallen 마음에 들다 *die Wohnung 집

이보다 더 좋을 순 없어.

F: 새로 이사간 집 마음에 들어?
M: 응, 이보다 더 좋을 순 없어.

[해설]

본문의 문장은 besser geht es nicht라는 문장에서 es가 's로 축약된 문장입니다. 해석하면 '더 좋은 것은 없다'라는 뜻이니 '이보다 더 좋을 수 없다'라는 의미입니다.

[expression plus]

*불규칙 동사변화 gefallen - gefiel - gefallen
*gefallen 동사는 2인칭 단수형(du gefällst)과 3인칭 단수형(es gefällt)이 불규칙하게 변한다.

241위 - 260위 순위

241위 너무 기뻐 죽겠어요!

242위 나는 만사를 긍정적으로 보려고 해.

243위 눈에 넣어도 안 아플 정도야.

244위 정말 눈부시게 예뻐.

245위 지루해 보이는 타입이야.

246위 나 어떻게 생각해?

247위 좋은 꿈 꿔.

248위 첫눈에 그녀에게 반해 버렸어.

249위 이런 감정은 처음이야.

250위 저 애는 내가 찍었어.

251위 너희 둘 사귀니?

252위 우린 천생연분이야.

253위 걔 눈에 콩깍지가 씌었구나!

254위 난 아직 이상형을 찾는 중이야.

255위 짚신도 짝이 있다.

256위 우리는 산전수전 다 겪었지.

257위 삼각관계

258위 남자 보는 눈이 삐었어.

259위 완전 바람둥이야.

260위 사랑이 식었어.

241위 Ich freue mich voll!

242위 Ich versuche alles positiv zu sehen.

243위 Er ist wirklich ihr Augapfel.

244위 Sie ist wunderschön.

245위 Ein langweiliger Typ.

246위 Was hältst du von mir?

247위 Träum süß.

248위 Ich habe mich auf den ersten Blick in sie verliebt.

249위 Ich habe zum ersten Mal solche Gefühle.

250위 Sie ist meine.

251위 Seid ihr zusammen?

252위 Wir sind füreinander bestimmt.

253위 Sie ist blind vor Liebe!

254위 Ich bin noch auf der Suche nach meiner Traumfrau.

255위 Jeder Topf findet seinen Deckel.

256위 Wir sind zusammen durch dick und dünn gegangen.

257위 Dreiecksbeziehung

258위 Sie hat kein Auge für Männer.

259위 Er ist ein echter Frauenheld.

260위 Ich empfinde nichts mehr für ihn.

241위 어떠한 일로 인해 매우 기쁠 때

Ich freue mich voll!

M: Ich habe gehört, dass du bei dieser Klausur eine Eins bekommen hast.
F: Das hätte ich mir niemals träumen lassen!
Ich freue mich voll!

*die Klausur 필기시험 *träumen 꿈꾸다 *lassen ~하게 하다 *voll 완전한
*die Freude 기쁨

너무 기뻐 죽겠어요!

M: 이번 필기시험에서 1점 받았다면서.
F: 상상도 못했어요, 너무 기뻐 죽겠어요.

[해설]
'기뻐 죽겠다'라는 말은 '아주 기쁘다'라는 뜻이죠. 그러면 '기쁘다'라는 뜻의 동사 sich freuen에 voll을 붙여서 표현하면 됩니다. 'Das hätte ich mir niemals träumen lassen!'은 '나는 내 스스로 한 번도 꿈꾸게 놔둔 적이 없었을 것이다'라는 뜻으로 '꿈도 안 꿨다, 상상도 못했다'라는 의미입니다.

[expression plus]
*in Freud und Leid 기쁠 때나 슬플 때나
*eine Eins bekommen 1등급을 받다

242위 긍정적인 태도를 가졌을 때

Ich versuche alles positiv zu sehen.

M: Du siehst immer gut gelaunt aus.
Wieso bist du immer so fröhlich?
F: Ich versuche alles positiv zu sehen und immer zu lächeln.
Ich möchte ein positiver und fröhlicher Mensch sein.

*gelaunt 기분이 ~한 *fröhlich 즐거운 *versuchen 노력하다 *positiv 긍정적인
*lächeln 웃다

나는 만사를 긍정적으로 보려고 해.

M: 넌 항상 기분이 좋아 보인다. 뭐가 그렇게 기분이 좋아?
F: 나는 만사를 긍정적으로 보고 항상 웃으려고 노력해.
난 긍정적이고 즐거운 사람이 되고 싶거든.

[해설]
'만사를 긍정적으로 보려고 노력하다'라는 말은 독일어에서도 똑같이 표현합니다. 독일어 단어 positiv는 영어와 비슷한 철자이지만 기본형은 끝에 e가 붙지 않고 철자 v발음도 /f/로 합니다. 하지만 여성 명사에 맞추어 끝부분에 e가 붙으면 v의 발음은 /v/가 됩니다.

[expression plus]
*positiv 긍정적인 ⇔ negativ 부정적인
*비슷한 뜻 fröhlich와 froh의 비교
fröhlich 겉으로 드러나는 기쁜 모습을 표현함. 실제로 기쁜지와는 별 관계가 없을 수 있음.
froh 행복하고 안심한 마음을 표현함. 마음 속 상황으로 겉으로 드러나지 않을 수 있음.

243위 너무 귀엽다는 표현

Er ist wirklich ihr Augapfel.

M: Hast du schon einmal Luisas Sohn gesehen?
Das Baby ist so süß!

F: Ja. Er ist wirklich ihr Augapfel.

*der Sohn 아들 *das Baby 아기 *süß 귀여운, 달콤한 *der Augapfel 안구

눈에 넣어도 안 아플 정도야.

M: 루이자 아들 봤어? 정말 사랑스럽지 않아?

F: 그래, 눈에 넣어도 안 아플 정도야.

[해설]

Augapfel은 우리말로 '안구'라는 뜻입니다. 눈은 소중히 지켜야 하는 신체의 부분이죠. 그래서 소유격을 써서 sein Augapfel이라고 표현하면 '아주 소중하고 아끼는 대상'을 가리키는 말이 됩니다. 우리말로 하자면 '눈에 넣어도 아프지 않을' 사랑스러운 대상, 영어의 'apple in one's eye'에 해당하는 말입니다.

[expression plus]

*wie seinen Augapfel hüten 자기 눈처럼 소중히 보호하다
Der König und die Königin wollen ihre kleine Prinzessin wie ihren Augapfel hüten.
왕과 왕비는 어린 공주를 소중하게 보호하려 한다.

244위 아름다운 외모를 칭찬할 때

Sie ist wunderschön.

M: Wusstest du, dass Diane Kruger Deutsche ist?
Ich wusste es nicht!

F: Ja, ich habe sie persönlich gesehen.
Sie ist wunderschön.

*wissen 알다 *persönlich 직접 *wunderschön 아주 아름다운

정말 눈부시게 예뻐.

M: 너 다이앤 크루거가 독일인인 거 알고 있어? 난 몰랐어!

F: 그럼, 난 직접 그녀를 본 적도 있어. 정말 눈부시게 예뻐.

[해설]

뛰어나게 아름다운 대상을 표현하는 말로 가장 흔히 쓰이는 형용사는 schön에 '놀라움'이라는 뜻인 Wunder를 붙여서 만든 wunderschön이란 말입니다. 그밖에도 attraktiv, charmant, gut aussehend 등의 말을 쓸 수 있으며, 특히 여성에게는 hübsch(예쁜)라는 말도 있습니다.

[expression plus]

*'독일인'이라는 말은 '독일의'라는 뜻을 가진 형용사 deutsch를 변화시켜 만든다. 그러므로 단어는 격과 성, 수에 따라 변화한다.
der Deutscher (독일 남자) die Deutsche (독일 여자)

*불규칙 동사변화 wissen – wusste – gewusst

*wissen 동사는 1인칭 단수형(ich weiß), 2인칭 단수형(du weißt)과 3인칭 단수형(er weiß)이 불규칙하게 변한다.

245위 사람의 타입을 말할 때

Ein langweiliger Typ.

M: Wie gefällt dir dein neuer Nachbar?
F: Ein langweiliger Typ.

*gefallen 마음에 들다 *der Nachbar 이웃 *langweilig 지루한 *der Typ 타입

지루해 보이는 타입이야.

M: 새로 이사온 옆집 남자 어때?
F: 지루해 보이는 타입이야.

[해설]
'타입'에 해당하는 독일어는 Typ입니다. 독일어의 y발음은 우리말로 하면 '위'에 가깝게 나기 때문에 발음은 '튑'이라고 하지요. 우리말과 아주 유사하게 사람의 부류를 가리키거나 호불호의 대상을 나타낼 때 쓰는 말입니다.

[expression plus]
*Wie gefällt es dir? 너 이거 어때?
*mein Typ Mann 내 타입의 남자
*Welchen Typ Frau ziehst du an? 너는 어떤 타입의 여자가 좋아?
*Er ist eigentlich nicht mein Typ. 그 애는 사실 내 타입은 아니야.

246위 상대방에게 자신을 어떻게 생각하느냐고 물어볼 때

Was hältst du von mir?

M: Was hältst du von mir?
F: Sorry, aber du bist nicht mein Typ.

*halten ~에 대해 어떠한 생각을 갖다 *der Typ 타입

나 어떻게 생각해?

M: 나 어떻게 생각해?
F: 미안. 너는 내 타입이 아니야.

[해설]

동사 halten은 상당히 다양한 뜻이 있는 동사입니다. 그중에는 전치사 von과 함께 짝을 이루어 '~에 대해 어떠한 생각을 갖다'라는 뜻이 있습니다. 예를 들어 'von ~ nicht viel halten'이라고 하면 '~에 대해 그리 중요하게 생각하지 않다'라는 뜻입니다. 그래서 본문의 문장을 해석하면 '나에 대해 어떻게 생각해?'라는 뜻이 되죠. 이런 말은 상대방에게 자신의 마음을 고백할 때 흔히 쓰는 말입니다.

[expression plus]

*Was hältst du von mir? = Was denkst du von mir?
*halten 동사는 2인칭 단수형(du hältst)과 3인칭 단수형(er hält)이 불규칙하게 변한다.

247위 연인 혹은 친구간에 잠자리 들기 전 통화 마지막 말

Träum süß.

F: Es ist schon weit nach Mitternacht.
Ich muss schlafen. Gute Nacht.
M: Ich auch. Gute Nacht. Träum süß.

*träumen 꿈꾸다 *weit 넓은, 먼 *die Mitternacht 자정 *süß 달콤한

좋은 꿈 꿔.

F: 벌써 자정이 훌쩍 넘었네. 이제 난 자야겠어. 잘 자.
M: 나도 잘래. 잘 자. 좋은 꿈 꿔.

[해설]
'좋은 꿈 꿔'를 독일어로 말하고 싶다면 '달콤한 잠을 자다'라는 뜻으로 Träum süß라고 표현할 수 있습니다. 잘 자라는 말인 'Gute Nacht'와 함께 쓰면 됩니다. 시간이 훌쩍 넘었다는 표현을 하고 싶다면 weit nach 뒤에 시간 표현을 써서 'weit nach 11Uhr' 처럼 쓰면 됩니다.

[expression plus]
*Ich auch. 나도 그래

248위 상대에게 반했을 때

Ich habe mich auf den ersten Blick in sie verliebt.

M: Lena hat mein Herz gestohlen.
Ich habe mich auf den ersten Blick in sie verliebt.
F: Wirst du ihr dann deine Liebe gestehen?

*das Herz 심장, 마음 *stehlen 훔치다 *der Blick 시선, 눈
*sich verlieben 사랑에 빠지다 *gestehen 고백하다

첫눈에 그녀에게 반해 버렸어.

M: 나 레나한테 마음을 빼앗겨버렸어. 첫눈에 반해 버렸어.
F: 그럼 그녀한테 고백할 거야?

[해설]

'사랑에 빠지다'라는 말은 sich verlieben 동사와 함께 사랑하는 대상 앞에 전치사 in을 써서 표현합니다. '첫눈에'라는 말은 전치사 auf를 써서 auf den ersten Blick이라고 쓰면 됩니다.

[expression plus]

*사람 (Dativ) verliebte Augen machen ~를 사랑에 빠진 눈으로 바라보다
*불규칙 동사변화 stehlen – stahl – gestohlen
*stehlen 동사는 2인칭 단수형(du stiehlst)과 3인칭 단수형(er stiehlt)이 불규칙하게 변한다.
*불규칙 동사변화 gestehen – gestand – gestanden

249위 사랑의 감정을 느낄 때

Ich habe zum ersten Mal solche Gefühle.

M: Ich habe zum ersten Mal solche Gefühle.
F: Du hast dich verliebt!

*das Mal 때, 번 *solcher 이러한 *das Gefühl 감정 *sich verlieben 사랑에 빠지다

이런 감정은 처음이야.

M: 이런 감정은 처음이야.
F: 너 사랑에 빠졌구나!

[해설]
본문을 해석하면 우리말 표현과 비슷하게 '이런 감정은 처음 가져봤다'라는 뜻이 됩니다. '처음'이라는 말은 Mal 앞에 첫 번째를 뜻하는 erst를 어미 변화하여 붙이고 전치사 zu를 붙여서 표현합니다. 그러면 zu dem ersten Mal이 되는데요. 여기서 zu는 dem과 합쳐져서 zum이라 줄여집니다.

[expression plus]
*zum ersten Mal 처음으로 ⇔ zum letzten Mal 마지막으로
*das Gefühl 느낌, 촉각 das Gehör 청각 das Gesicht 시각, 얼굴, 모습
*der Geruch 후각, 냄새 der Geschmack 미각, 맛

250위 친구나 동료에게 자신이 맘에 담아둔 이성을 밝힐 때

Sie ist meine.

M: Magst du Jasmin?
Weißt du, dass ich sie auch mag?
M: Sie ist meine.
Finger weg von ihr!

∗mögen 좋아하다 ∗der Finger 손가락 ∗weg 사라진, 멀어진

저 애는 내가 찍었어.

M: 너 야스민 좋아하니? 나도 걔 좋아하는 거 알고 있어?
M: 저 애는 내가 찍었어. 넌 걔 건드리지 마!

[해설]

'저 애는 내가 찍었어'라는 표현은 결국 내 것이니 건드리지 말라는 뜻이죠. 이럴 때 독일어로는 그냥 '걘 내거야'라고 말하면 됩니다. '나의 것'이라는 말은 독일어의 소유격인 mein을 성별과 수에 따라 접미사를 붙인 다음 관사 없이 쓰면 됩니다. 여기서는 '내 거'라는 말은 야스민이라는 여사를 나타내는 것이므로 mein에 여성을 나타내는 접미사 e를 붙입니다.

[expression plus]

∗Finger weg! = Hände weg! 손 치워! 손 대지 마! 건드리지 마!
∗Weg von hier! 여기서 꺼져!
∗Weg da! 비켜! 저리 가!
∗mögen 동사는 1인칭 단수형(ich mag), 2인칭 단수형(du magst)과 3인칭 단수형(er mag)이 불규칙하게 변한다.

251위 친구들의 관계가 연인처럼 느껴질 때

Seid ihr zusammen?

M: Seid ihr zusammen?
F: Nein! Woher hast du den Unsinn gehört?

*zusammen 함께 *woher 어디에서 *der Unsinn 헛소리

너희 둘 사귀니?

M: 너희 둘 사귀니?
F: 아니야! 그런 헛소리 어디서 들었어?

[해설]

독일어로 '함께 있다'라는 의미인 zusammen sein은 이성간에 '사귀다'라는 뜻으로 쓸 수 있습니다. 물론 이 표현은 순수하게 '함께 있다'라는 뜻도 있으니 맥락에 따라서 뜻을 잘 파악해야 합니다.

[expression plus]

*Woher hast du den Unsinn gehört?에서 gehört를 떼고 쓸 수도 있다.
Woher hast du den Unsinn?
*Woher hast du das überhaupt? 그건 대체 어디서 들었어?

252위 하늘이 정해준 인연인 듯 연인 사이가 좋을 때

Wir sind füreinander bestimmt.

M: Ihr habt vieles gemeinsam!
Ihr passt gut zusammen.
F: Wir sind füreinander bestimmt.

*gemeinsam 공통의 *passen 어울리다 *füreinander 서로 *bestimmt 정해진, 특정의

우린 천생연분이야.

M: 너희 둘 참 공통점이 많구나! 정말 잘 어울린다.
F: 우린 천생연분이야.

[해설]
본문의 문장을 직역하면 '우리는 서로를 위하여 정해졌다'라는 뜻이므로, 우리말의 '천생연분'에 해당하는 말로 볼 수 있습니다. 전치사 + einander형은 전치사의 뜻이 포함된 다양한 뜻을 만드는데, 여기서는 für와 einander가 결합하여 '서로를 위한, 피차'라는 뜻이 됩니다.

[expression plus]
*vieles gemeinsam haben 공통점이 많다.
*gut passen 잘 어울리다
*bestimmt는 '정하다, 결정하다'라는 뜻의 동사 bestimmen의 과거분사이다.

253위 앞이 가리어 사물을 정확하게 보지 못함을 비유적으로 이르는 말

Sie ist blind vor Liebe!

F: Gestern hat mir Pia ihren Freund vorgestellt.
Aber ich finde, er ist nicht der Richtige.

M: Sie ist blind vor Liebe!
Solange er ihr gefällt, sollte es keine Probleme geben.

*vor|stellen 소개하다 *finden 찾다, 알다 *richtig 올바른 *blind 눈이 먼
*gefallen 마음에 들다

걔 눈에 콩깍지가 씌었구나!

F: 어제 피아가 자기 남친을 소개시켜 줬어. 그런데 내가 딱 봐서는 좀 아니더라.

M: 걔 눈에 콩깍지가 씌었구나! 피아만 맘에 들면 그만이지 뭐.

[해설]

'콩깍지가 씌이다'라는 말은 독일어로 '사랑에 눈이 멀다 blind vor Liebe'로 표현할 수 있습니다. 독일어의 '친구'라는 말은 Freund (여성형 Freundin)인데, 보통 이성을 지칭하는 경우 애인이라는 뜻이 있습니다. 그래서 애인이 아닌 이성 친구를 나타내려면 'ein Freund von mir / eine Freunin von mir'라고 표현하기도 합니다.

[expression plus]

*주어 gefallen 누구(Dativ) 주어가 누구의 마음에 들다
Das Zimmer gefällt mir. 나는 그 방이 마음에 든다.
*불규칙 동사변화 finden – fand - gefunden
*gefallen 동사는 2인칭 단수형(du gefällst)과 3인칭 단수형(es gefällt)이 불규칙하게 변한다.

254위 현재 주변에 없는 이상적인 배우자를 만나려고 여기저기를 뒤지거나 살필 때

Ich bin noch auf der Suche nach meiner Traumfrau.

F: Warum hast du keine Freundin?

M: Ich bin noch auf der Suche nach meiner Traumfrau.

*die Suche 찾기, 수색 *die Freundin 여자친구, 여자인 친구

난 아직 이상형을 찾는 중이야.

F: 넌 왜 여자친구 없어?

M: 난 아직 이상형을 찾는 중이야.

[해설]

독일어로 이상형을 나타내는 말은 여자는 Traumfrau, 남자는 Traummann이라고 합니다. '꿈'이란 단어 Traum에 각각 남자와 여자를 붙인 말이지요. 왜 애인이 없냐는 말은 사생활에 관련된 주제라 좀 무례하게 들릴 수 있습니다. 먼저 묻기보다는, 누군가가 물어본다면 위의 표현을 사용하여 재치있게 대답하세요.

[expression plus]

*이 표현은 suchen 동사를 써서 나타낼 수도 있다.
Ich bin noch auf der Suche nach meiner Traumfrau.
= Ich suche noch nach meiner Traumfrau.

*저 둘은 천생연분이야. Da haben sich zwei gesucht und gefunden.

255위 모든 사람은 자신을 알아주는 사람이 있게 마련이라는 표현

Jeder Topf findet seinen Deckel.

M: Warum liebt Luca das Mädchen so sehr?
Ich kann nichts Besonderes bei ihr finden.

F: Jeder Topf findet seinen Deckel.
Vielleicht ist sie seine Traumfrau.

*das Mädchen *besonders 특별한 *der Topf 냄비 *der Deckel 뚜껑
*die Traumfrau 이상형 여자

짚신도 짝이 있다.

M: 왜 루카는 저 여자애를 그토록 사랑하는 거지? 특별한 곳도 없어 보이는데.

F: 짚신도 짝이 있잖아. 저 여자애가 루카 이상형인가보지.

[해설]

본문 문장을 직역하면 '각각의 냄비는 자기 뚜껑을 찾아낸다'라는 뜻입니다. 우리말로 하면 '짚신도 제 짝이 있다'라는 뜻이죠.

[expression plus]

*nichts 뒤에 형용사 앞 철자를 대문자로 쓰고 끝에 중성명사처럼 형용사 변화를 하면 '~하는 것은 하나도 없는'이라는 뜻이 된다. 그래서 nichts Besonderes라는 말은 '특별한 것이 하나도 없음'이라는 뜻이다.

256위 오랫동안 동고동락을 한 사이를 가리킬 때

Wir sind zusammen durch dick und dünn gegangen.

M: Ihr seid 10 Jahre zusammen? Wow, unglaublich!
F: Wir sind zusammen durch dick und dünn gegangen.

*das Jahr 년, 해 *unglaublich 믿을 수 없는 *dick 굵은 *dünn 가는

우리는 산전수전 다 겪었지.

M: 너희 지금 10년째 사귄다고? 대단하다!
F: 우리는 산전수전 다 겪었지.

[해설]

durch dick und dünn gehen이라는 말은 '좋은 시기와 힘든 시기를 (함께) 함께 겪었다'라는 뜻입니다. 그래서 본문처럼 wir라는 복수 주어를 쓰거나, 단수 주어라면 mit를 써서 누군가와 함께 산전수전을 다 겪었다는 의미를 표현하죠.

[expression plus]

*Ich bin mit ihr durch dick und dünn gegangen. 나는 그녀와 함께 동고동락해 왔다.
*unglaublich의 원 뜻은 '믿을 수 없는'이라는 뜻이지만, 일상생활에서는 '대단하다'라는 감탄사로 흔히 사용한다.

257위 세 남녀 사이의 연애관계

Dreiecksbeziehung

M: Hast du das schon gehört?
Melina ist mit Felix und Mauritz in einer Dreiecksbeziehung.

F: Echt? Wie das denn?

*die Dreiecksbeziehung 삼각관계 *echt 정말인

삼각관계

M: 너 들었어? 멜리나랑 펠릭스랑 마우릿츠랑 삼각관계래.

F: 정말? 어떻게 된 거야?

[해설]

독일어로 삼각형이라는 말은 '각'이란 뜻의 Eck 앞에 숫자 3을 뜻하는 drei를 붙인 형태입니다. 그리고 삼각관계라는 말은 삼각형 Dreieck과 '관계'를 뜻하는 Beziehung 사이에 s를 넣어서 만듭니다.

[expression plus]

*Dreiecksbeziehung = Dreierbeziehung = Beziehung zu dritt

258위 뻔한 것을 잘못 보고 있을 때 비난조로 이르는 말

Sie hat kein Auge für Männer.

M: Ich verstehe nicht, warum Nina Moritz liebt.
Er ist nicht nur egoistisch, sondern auch hässlich!
F: Ich verstehe sie auch nicht.
Sie hat kein Auge für Männer.

*lieben 사랑하다 *egoistisch 이기적인 *hässlich 못생긴 *das Auge 눈

남자 보는 눈이 삐었어.

M: 난 니나가 왜 모리츠를 좋아하는지 모르겠어. 성격도 이기적인데다 못생겼는데!
F: 그러게. 나도 이해 못하겠어. 남자 보는 눈이 삐었어.

[해설]
'눈이 삐었다'라는 말은 독일어로 '~에 대한 눈이 없다'라는 말로 표현할 수 있습니다. 바로 kein Auge für ~ haben이라는 표현이지요. Männer는 남자를 뜻하는 명사 Mann의 복수형입니다.

[expression plus]
*nicht nur A, sondern auch B : A 뿐만 아니라 B이기도 하다.
Das gilt nicht nur für Deutschland, sondern beispielsweise auch für Frankreich.
이것은 독일뿐만 아니라 예를 들어 프랑스에도 해당된다.

259위 바람을 피우는 사람을 일컬을 때

Er ist ein echter Frauenheld.

F: Lennard scheint mir ein guter Kerl zu sein.
M: Meinst du? Aber er ist ein echter Frauenheld.

*scheinen ~로 보이다 *der Kerl 녀석, 놈 *meinen ~라고 여기다

완전 바람둥이야.

F: 레나트는 정말 괜찮은 남자애 같은데.
M: 그래? 하지만 완전 바람둥이야.

[해설]

바람둥이라는 뜻의 독일어는 상당히 많은 편입니다. Frauenheld 말고도 Belami, Frauenjäger, 혹은 흔히 말하듯 Casanova라는 표현도 씁니다. Kerl이라는 단어는 젊은 남자를 친근한 어조로 가리켜 '녀석, 남자애' 정도로 표현할 때 쓰는 말입니다.

[expression plus]

*Meinst du? 그렇게 생각해?
*wie es scheint 겉보기에는, 외관상으로는

260위 사랑하는 열의나 생각이 줄거나 가라앉았을 때

Ich empfinde nichts mehr für ihn.

M: Warum habt ihr euch getrennt?
F: Ich empfinde nichts mehr für ihn.
Es macht doch keinen Sinn, mit ihm zusammen zu sein, ohne ihn zu lieben, oder?

*sich trennen 헤어지다 *empfinden 느끼다 *der Sinn 의미 *zusammen 함께

사랑이 식었어.

M: 너희 왜 헤어졌어?
F: 사랑이 식었어. 사랑하지 않으면서 사귀는 게 의미가 없잖아?

[해설]

'사랑이 식었다'는 말을 독일어로 표현하면 '상대방을 두고 더 이상 아무것도 느끼지 못한다'는 뜻에서 본문처럼 nichts mehr für~ empfinden이라고 표현할 수 있습니다.

[expression plus]

*keinen Sinn machen ~하는 의미가 없다
*mit ~ zusammen sein ~와 사귀다

261위 - 280위 순위

261위 세월이 약이야.

262위 수작 부리지마!

263위 내 입장이 정말 난처해.

264위 입장을 바꿔서 생각해 봐.

265위 너 삐쳤니?

266위 너 정말 예민하다.

267위 정말 유치하다!

268위 너 그러면 안 돼!

269위 내 일은 내가 알아서 다 할거야.

270위 그러면 내가 어떻게 해야 하는지 말해봐.

271위 요점만 말해!

272위 말 안 할래.

273위 더 이상 못 참도록 질렸어!

274위 사돈 남 말 하네.

275위 가는 말이 고와야 오는 말이 곱지.

276위 내 눈에 흙이 들어가기 전엔 안 돼!

277위 걔는 입만 살았어.

278위 걔는 정말 고집불통이야.

279위 더 이상 핑계대지 마.

280위 네 잘못은 네가 책임져야지.

261위 Die Zeit heilt alle Wunden.

262위 Verkauf mich nicht für dumm!

263위 Ich bin in einer wirklich unangenehmen Lage.

264위 Versetz dich doch mal in meine Lage.

265위 Bist du beleidigt?

266위 Du bist zu empfindlich.

267위 Wie kindisch!

268위 Das darfst du nicht!

269위 Ich kümmere mich selbst um meine Arbeit.

270위 Dann sag mir, was ich tun soll.

271위 Komm zum Punkt!

272위 Ich will nicht darüber sprechen.

273위 Ich habe sie endgültig satt!

274위 Wer im Glashaus sitzt, soll nicht mit Steinen werfen.

275위 Wie man in den Wald hineinruft, so schallt es heraus.

276위 Nur über meine Leiche!

277위 Er ist nur ein Schwätzer.

278위 Er ist so dickköpfig.

279위 Keine Ausreden mehr.

280위 Du musst Verantwortung für deinen Fehler übernehmen.

261위 아픈 기억 따위를 잊는 데는 시간이 필요하다는 표현

Die Zeit heilt alle Wunden.

M: Es ist schon ein Jahr her, dass sie mich verlassen hat, aber ich habe sie immer noch nicht vergessen.
F: Die Zeit heilt alle Wunden.

*das Jahr 년, 해 *sich verlassen 떠나다 *vergessen 잊다 *heilen 치유하다
*die Wunde 상처

세월이 약이야.

M: 그녀가 날 떠난지 일년이 되었지만 아직도 난 그녀를 못 잊어.
F: 세월이 약이야.

[해설]
본문 문장을 직역하면 '시간이 모든 상처를 치유한다'라는 뜻으로, 우리말의 '세월이 약이다'라는 표현과 같습니다.

[expression plus]
*verlassen 동사는 재귀대명사 sich가 있느냐 없느냐에 따라 뜻이 확연히 다르다.
verlassen 떠나다. Sie hat mich verlassen. 그녀는 나를 떠났다.
sich verlassen 믿다 Sie hat sich auf mich verlassen. 그녀는 나를 믿었다.
*불규칙 동사변화 verlassen – verließ – verlassen
*불규칙 동사변화 vergessen – vergaß – vergessen

262위 얼렁뚱땅 넘어갈 생각하지 말라고 할 때

Verkauf mich nicht für dumm!

M: Es läuft nichts zwischen ihr und mir.
F: Verkauf mich nicht für dumm!
Sag mir sofort die Wahrheit!

*laufen 진행되다 *verkaufen 팔다 *dumm 멍청한 *sofort 당장 *die Wahrheit 진실

수작 부리지마!

M: 진짜 그 여자애랑 아무 사이도 아니야.
F: 수작 부리지마! 빨리 사실대로 말해!

[해설]

verkaufen의 원뜻은 '팔다'라는 뜻입니다. 하지만 일상 생활에서 쓰는 다른 뜻으로는 '누구에게 원하는 것이나 동의를 얻어내려 애쓰다'라는 뜻이 있습니다. 그리고 본문에 나온 für dumm verkaufen이란 표현은 '~를 속이다, 기만하다'라는 뜻입니다. 그러므로 우리말로 하면 '수작 부리다, 사기를 치다'라는 뜻이 됩니다.

[expression plus]

*für dumm verkaufen lassen 수작에 넘어가 주다, 호구로 당하다
Ich habe es satt, mich für dumm verkaufen zu lassen! 나 이제 호구 되는 데 질렸어!
Lasst euch nicht für dumm verkaufen! 우리 수작에 당하고 살지 말자!
*7 Euro pro Stunde? Sie wollen mich wohl für dumm verkaufen!
한 시간에 7유로 시급이라고? 나한테 완전 사기치려고 작정했어요?

263위 당면하고 있는 상황이 자신이 어찌할 수 없게 난처할 때

Ich bin in einer wirklich unangenehmen Lage.

F: Warum hast du nichts gesagt, als ich mich mit Lisa gestritten habe?
Du hättest mir helfen sollen!

M: Wie kann ich nur auf deiner Seite stehen?
Ich bin in einer wirklich unangenehmen Lage.

*streiten 싸우다 *helfen 돕다 *die Seite 편, 면 *unangenehm 불쾌한, 불편한
*die Lage 입장

내 입장이 정말 난처해.

F: 너 왜 리사랑 나랑 싸울 때 아무 말도 안 해? 나를 도와줘야지!

M: 내가 어떻게 네 편만 들어? 내 입장이 정말 난처해.

[해설]

본문의 문장을 직역하면 '나는 정말로 불편한 입장에 처해 있다'라는 뜻입니다. 우리말로 하면 '내 입장이 난처하다'라고 할 수 있죠.

[expression plus]

*auf seine Seite stehen ~의 편을 들다
*mit ~ streiten ~와 싸우다
*불규칙 동사변화 streiten – stritt – gestritten

264위 남이 자신의 처지나 생각 등을 이해하지 못할 때

Versetz dich doch mal in meine Lage.

M: Warum zögerst du dich dafür zu entscheiden?
Ist es so schwer für dich?
F: Ja! Versetz dich doch mal in meine Lage.

*zögern 주저하다 *sich entscheiden 결정하다 *schwer 어려운
*sich versetzen 입장을 바꾸어 생각하다 *die Lage 입장

입장을 바꿔서 생각해 봐.

M: 선택을 내리는 데 왜 이렇게 망설여? 그게 그렇게 어려워?
F: 그럼! 입장을 바꿔서 생각해 봐.

[해설]

동사 versetzen은 '옮기다, 어떠한 상태에 두다'라는 뜻입니다. 거기에 재귀대명사 sich가 붙으면 '입장을 바꾸어 생각하다'라는 뜻이 됩니다.

[expression plus]

*für~ sich entscheiden ~에 대해 결정하다
*An deiner Stelle hätte ich mich nicht so entschieden.
내가 네 입장이었다면 그렇게 결정하지는 않았을 거야.
*불규칙 동사변화 entscheiden – entschied – entschieden

265위 상대방이 성이 나서 토라져 있음을 물을 때

Bist du beleidigt?

M: Bist du beleidigt? Entschuldigung.
Das habe ich nicht so gemeint.
F: Na gut. Das nächste Mal werde ich darüber nicht hinwegsehen.

*meinen 의도하다 *hinweg|sehen 관대히 봐주다 *na gut 뭐, 좋아. *werden ~가 되다

너 삐쳤니?

M: 너 삐쳤니? 용서해 줘. 난 일부러 그렇게 말한 게 아니야.
F: 뭐, 알았어. 너 다음에도 또 그러면 가만 안 둘 줄 알아.

[해설]

beleidigt는 '모욕하다, 불쾌감을 주다'라는 뜻의 동사 beleidigen의 과거분사형입니다. 독일어에서는 이렇게 동사의 과거분사형이 형용사로 쓰일 때가 많습니다. 이 표현은 친한 상대방에게 웃으면서 용서를 비는 표현이라는 점을 기억하세요.

[expression plus]

*불규칙 동사변화 hinweg|sehen – hinweg|sah - hinweggesehen
*Na는 대화를 나누면서 '자, 뭐, 글쎄, 그래, 이봐'라는 뜻으로, 혼자 쓰이기도 하고 다른 단어와 함께 쓰이기도 한다.
Na ja. 그렇지 뭐. Na, schnell! 자, 서둘러! Na, wie geht's? 그래, 어떻게 지냈어?

266위 까다로운 상대의 성격을 뭐라고 할 때

Du bist zu empfindlich.

F: Du bist zu empfindlich.
Bist du nicht müde davon?
M: Zu empfindlich?
Nein, du bist viel zu gefühlslos!

*empfindlich 예민한 *müde 피곤한 *gefühlslos 무감각한

너 정말 예민하다.

F: 너 정말 예민하다. 그렇게 살면 피곤하지 않아?
M: 내가 예민하다고? 네가 너무 둔한 거야!

[해설]

'느끼다'라는 뜻의 동사 empfinden에서 파생한 형용사 empfindlich는 '느낄 수 있는'이란 뜻과 더불어 '감상적인, 신경질적인, 예민한'이란 뜻도 있습니다. zu는 전치사 이외에도 부사로 쓸 때는 '지나친, 너무한'이란 뜻이 있어서 형용사 앞에 붙여 강조를 하는 경우가 많습니다.

[expression plus]

*von ~ müde sein ~때문에 피곤하다
*zu empfindlich = überempfinlich (과민한)

267위 나이답지 못한 행동을 하는 상대방에게

Wie kindisch!

F: Wie kindisch!
Verhalte dich altersgemäß!
M: Hör auf!
Ich will so bleiben, wie ich bin.

*kindisch 유치한 *sich verhalten 행동하다 *altersgemäß 나이에 맞게
*auf|hören 그만두다 *bleiben ~인 채로 있다

정말 유치하다!

F: 정말 유치하다 너! 나이 값 좀 해!
M: 됐어! 나 그냥 생긴대로 살 거야.

[해설]

독일어로 감탄사를 만드는 간단한 방법은 바로 형용사 앞에 wie를 붙이는 겁니다. 예를 들어 'Wie schön!'이라고 하면 '정말 아름답다! 훌륭하구나!'라는 뜻이죠.. 반대로 'Wie dumm!'이라고 하면 '진짜 멍청하다!'라는 뜻이 됩니다.

[expression plus]

*명사 뒤에 ~gemäß를 붙이면 '~에 따라'라는 뜻이 붙은 말이 된다. 때로 가운데 s가 첨가되기도 한다.
Abmachung (결정) - abmachungsgemäß (결정에 따라), Anlass(기회) – anlassgemäß (기회에 따라)
*불규칙 동사변화 verhalten – verhielt - verhalten
*동사는 2인칭 단수형(du lässt aus)과 3인칭 단수형(er lässt aus)이 불규칙하게 변한다.

268위 상대방의 잘못을 놓고 충고할 때

Das darfst du nicht!

M: Ich bin zu faul, den Abfall zu trennen.
Ich werf alles einfach weg.

F: Das darfst du nicht!
Man sollte den Abfall immer trennen!

*faul 게으른 *der Abfall 쓰레기 *trennen 나누다 *weg|werfen 버리다

너 그러면 안 돼!

M: 쓰레기 분리 수거 하기 너무 귀찮아. 그냥 버릴래.

F: 너 그러면 안 돼! 분리수거는 꼭 해야 해!

[해설]

'~해도 된다'라는 뜻의 동사 dürfen를 nicht 등을 사용하여 부정문을 만들면 '~해서는 안 된다'라는 뜻이 됩니다. 참고로, '~할 필요 없다'라는 뜻은 의외로 müssen nicht라고 표현하지요. 그러므로 본문을 해석하면 '너는 그래서는 안 된다'라는 뜻이 됩니다.

[expression plus]

*Abfall trennen = Müll trennen 쓰레기를 분리수거하다
*불규칙 동사변화 weg|werfen – weg|warf – weggeworfen
*wegwerfen 동사는 2인칭 단수형(du wirfst weg)과 3인칭 단수형(er wirft weg)이 불규칙하게 변한다.

269위 남의 참견이 마음에 들지 않을 때

Ich kümmere mich selbst um meine Arbeit.

M: Wie ist die Arbeit?
Sag mir Bescheid, wenn du etwas Hilfe brauchst.
F: Lass mich in Ruhe.
Ich kümmere mich selbst um meine Arbeit.

*der Bescheid 고지, 알림 *die Hilfe 도움 *die Ruhe 휴식, 평안
*sich kümmern 신경쓰다, 걱정하다

내 일은 내가 알아서 다 할거야.

M: 요즘 일 어때? 할 만해? 도움이 필요하면 나 찾아와.
F: 날 좀 그냥 내버려 둬. 내 일은 내가 알아서 다 할거야.

[해설]

동사 kümmern의 뜻은 '상관하다, 관련을 맺다'라는 뜻입니다. 그리고 재귀대명사 sich와 함께 쓰면 '신경쓰다, 걱정하다'라는 뜻이 됩니다. 이 때 신경을 쓰는 대상에는 전치사 um을 붙이죠. 그래서 본문 문장을 직역하면 '나는 직접 내 일에 신경쓴다'라는 의미로 내 일은 내가 알아서 할 테니 상대방은 신경쓰지 말라는 뜻이 됩니다.

[expression plus]

*Bitte Ruhe! 조용히!
*Kümmere dich um deine eigenen Angelegenheiten! 네 일이나 신경쓰시지!

270위 상대방에게 상대가 원하는 나의 결정을 물을 때

Dann sag mir, was ich tun soll.

M: Wenn du das so tust, wird es noch schlimmer werden.
Das ist keine gute Idee.
F: Meinst du?
Dann sag mir, was ich tun soll.

*tun 하다 *werden ~가 되다 *schlimm 나쁜 *die Idee 생각

그러면 내가 어떻게 해야 하는지 말해봐.

M: 그렇게 하지마. 그러면 일이 더 엉망이 될 거야. 그건 정말 좋은 생각이 아니야.
F: 그래? 그러면 내가 어떻게 해야 하는지 말해 봐.

[해설]

본문의 문장은 'Sag mir'(나에게 말해)와 'Was soll ich tun?'(내가 어떻게 해야 해?)라는 두 문장을 합친 것입니다. 이때, 뒤에 나오는 의문문은 주어와 동사의 어순이 바뀌어 주어가 의문사 다음으로 오게 됩니다. 그리고 동사와 더불어 조동사가 있을 경우, 조동사가 맨 뒤로 가는 법칙이 있습니다.

[expression plus]

* 불규칙 동사변화 werden – wurde - geworden
*werden 동사는 2인칭 단수형(du wirst)과 3인칭 단수형(er wird)이 불규칙하게 변한다.

271위 너저분한 말은 생략하고 간단하게 듣고 싶을 때

Komm zum Punkt!

F: Schwafele nicht!
Komm zum Punkt!
M: Okay. Ich kann das Versprechen nicht halten.

*schwafeln 떠벌이다 *der Punkt 점, 논점 *das Versprechen 약속 *halten 지키다

요점만 말해!

F: 헛소리 하지 마! 요점만 말해!
M: 좋아. 나 약속 못 지킬 것 같아.

[해설]

'요점만 말해!'라는 뜻의 독일어 표현은 '논점으로 가라'라는 뜻의 명령문으로 'Komm zum Punkt!'라고 하면 됩니다. 여기서 zum은 zu는 dem과 합쳐진 줄임말이죠. 전치사 zu 대신 auf를 써서 Komm auf dem Punkt라고 하기도 합니다.

[expression plus]

*das Versprechen = die Verabredung 약속
*ein Versprechen halten (약속을 지키다) ⇔ ein Versprechen brechen (약속을 어기다)

272위 상대방의 질문에 아무런 대답을 하고 싶지 않을 때

Ich will nicht darüber sprechen.

M: Warum hast du das denn gemacht?
F: Ich will nicht darüber sprechen.
Das geht dich auch nichts an.

*sprechen 말하다 *an|gehen 상관있다, 관련있다

말 안 할래.

M: 도대체 왜 그랬어?
F: 말 안 할래. 너랑 상관없는 일이야.

[해설]

동사 sprechen은 같이 쓰는 전치사가 여러 개 있습니다. '~에 대해 말한다'라고 표현할 때는 sprechen에 전치사 von이나 über를 씁니다. 두 전치사는 모두 '~에 대해'라는 뜻을 표현하지만, 보통 주제가 되는 것이 사람이 아닐 때는 von보다 über를 쓰는 편입니다. 그래서 본문 문장을 해석하면 '나는 거기에 대해 말하고 싶지 않다'라는 뜻이 됩니다.

[expression plus]

*긴딘하게 'Kein Kommentar.'(노코멘트)라고 말할 수도 있다.
*sprechen über ~에 대해 토론하다 sprechen mit ~와 이야기하다
sprechen für ~에 대해 찬성하다 sprechen gegen ~에 대해 반대하다

273위 어떤 일이나 음식 따위에 싫증이 났을 때

Ich habe sie endgültig satt!

F: Schalte die Musik aus!
Ich habe sie endgültig satt!
M: Darf man denn zu Hause keine Musik hören?

*aus|schalten 끄다 *endgültig 최후로 *satt 배부른, 질린

더 이상 못 참도록 질렸어!

F: 음악 좀 꺼! 더 이상 못 참도록 질렸어!
M: 집에서 음악 좀 들으면 안 돼?

[해설]
'배부른'이란 뜻의 단어 satt은 '질린, 물려서 싫증난'이란 뜻도 있습니다. 그래서 satt haben이라고 하면 '싫증이 나다'라는 뜻이 됩니다. 본문 문장에 나온 sie는 바로 die Musik을 가리키죠. 해석하면 '나는 그것(음악)에 끝내 질렸다'라는 뜻입니다. 간단하게 'Ich habe sie schon satt!'이라고 해도 됩니다.

[expression plus]
*aus|schalten 끄다 ⇔ ein|schalten 켜다
*Ich bin satt. 나 배불러.

274위 상대방이 말도 안 된다고 면박 줄 때 사용하는 말

Wer im Glashaus sitzt, soll nicht mit Steinen werfen.

M: Peter sollte sich beim Trinken beherrschen.
Die letzten Tage hat er zu viel getrunken.
F: Du trinkst auch zu viel!
Wer im Glashaus sitzt, soll nicht mit Steinen werfen.

*trinken 마시다 *beherrschen 억제하다 *das Glashaus 온실 *der Stein 돌
*werfen 던지다

사돈 남 말 하네.

M: 페터는 자제를 좀 해야 해. 요즘 술을 많이 마시는 것 같아
F: 너도 너무 많이 마시잖아! 사돈 남 말 하네.

[해설]

'사돈 남 말 하다'라는 속담에 해당하는 독일어 표현으로는 'Wer im Glashaus sitzt, soll nicht mit Steinen werfen.'이라는 말이 있습니다. 직역하면 '온실 속에 앉은 사람은 돌을 던지면 안 된다'라는 뜻입니다. 유리 속에 앉아서 돌을 던지면 결국 자신이 앉은 온실이 망가지겠죠? 자신도 똑같은 행동을 하면서 남을 비난하면 안 된다는 뜻으로 쓰는 속담입니다.

[expression plus]

*die letzten Tage = diese Tage 요즘
*불규칙 동사변화 trinken – trank - getrunken
*불규칙 동사변화 sitzen – saß – gesessen
*불규칙 동사변화 werfen – warf – geworfen

275위 상대방에게 맞받아치고 싶을 때

Wie man in den Wald hineinruft, so schallt es heraus.

M: Wie kannst du es wagen, das zu sagen?
F: Warum nicht? Du hast angefangen!
Wie man in den Wald hineinruft, so schallt es heraus.

*wagen 감히 ~하다 *an|fangen 시작하다 *der Wald 숲 *hinein|rufen ~안으로 외치다
*heraus|schallen 밖으로 소리나다

가는 말이 고와야 오는 말이 곱지.

M: 너 어떻게 나한테 그런 말을 할 수 있어?
F: 왜 안 돼? 네가 먼저 시작했잖아. 가는 말이 고와야 오는 말이 곱지.

[해설]

본문 문장을 직역하면 '사람이 숲 속으로 외치는대로 그것이 그대로 바깥으로 울려퍼진다'라는 뜻입니다. 우리말 속담의 '가는 말이 고와야 오는 말이 곱다'에 해당됩니다. '거기에'라는 뜻의 hin과 그 반대의 뜻인 '이쪽으로'라는 뜻의 her, '안으로'라는 뜻의 ein과 '밖으로'라는 뜻의 aus가 각각 결합하여 만들어진 hinein과 heraus는 동사 앞에 많이 결합하는 접두사입니다.

[expression plus]

*접두사 hinein-은 동사에 붙어 '(저쪽)~안으로'라는 뜻을 만든다.
hineinziehen 끌어들이다 hineinreichen 넣어주다
*접두사 heraus-는 동사에 붙어 '(이쪽)~밖으로'라는 뜻을 만든다.
herausbringen 빼내다, 세상에 공개하다 herausgeben 내주다, 돌려주다
*불규칙 동사변화 an|fangen - an|fing - angefangen

276위 죽기 전에는 절대로 허락 할 수 없다는 표현

Nur über meine Leiche!

F: Papa, darf ich mit meinem Freund in Frankreich Urlaub machen?
M: Nein! Nur über meine Leiche!

*der Urlaub 휴가 *die Leiche 시체

내 눈에 흙이 들어가기 전엔 안 돼!

F: 아빠, 나 남자친구랑 프랑스로 휴가가도 되?
M: 안 돼! 내 눈에 흙이 들어가기 전엔 안 돼!

[해설]

본문 표현을 직역하면 '내 시체를 밟고 가지 않고서야!'라는 뜻입니다. 여기서 nur는 '단지, 다만'이라는 뜻이 아니라 '~을 제외하면'이란 뜻입니다. 이 말은 내가 죽어 시체가 되지 않고서야, 즉 살아 있는 한 그런 일은 없거나 허락할 수 없다는 뜻입니다. 우리말의 '내 눈에 흙이 들어가기 전에는 안 된다'라는 뜻과 똑같습니다.

[expression plus]

*Urlaub machen 휴가를 얻다
*wie eine lebende Leiche aussehen
피골이 상접하다, 아파 보인다 (직역하면 '살아있는 시체처럼 보인다'라는 뜻)
*eine Leiche im Keller haben
어두운 과거가 있다 (직역하면 '지하실에 시체를 숨기고 있다'라는 뜻)

277위 행동은 하지 않으면서 말은 청산유수인 사람을 일컬어

Er ist nur ein Schwätzer.

F: Hast du schon gehört, dass Tobias uns das nächste Wochenende zu seiner Wohnung einladen möchte?
M: Ich habe keine hohen Erwartungen.
Er ist nur ein Schwätzer.

*die Wohnung 집 *hoher 높은 *die Erwartung 기대

걔는 입만 살았어.

F: 토비아스가 다음 주말에 우리를 자기 집에 초대한다는 소리 들었어?
M: 난 별 기대 안 해. 왜냐하면 걔는 입만 살았거든.

[해설]

독일어 동사 schwätzen은 '지껄이다, 잡담하다'라는 뜻입니다. 거기에 사람을 나타내는 접미사 er이 붙으면 '입만 산 사람'이라는 뜻인 Schwätzer라는 명사가 됩니다.

[expression plus]

*hohe Erwartungen haben 높은 기대를 하다
*Erwartungen erfüllen 기대를 만족시키다

278위 생각이나 행동 따위가 융통성이 없어 답답함을 느낄 때

Er ist so dickköpfig.

M: Er ist schon oft kritisiert worden, aber er hat sich kaum verändert.
Er ist so dickköpfig.
F: Ich wollte ihn überreden, aber es bringt nichts.

*kritisieren 비판하다 *kaum 거의 ~않다 *sich verändern 바뀌다
*überreden 설득하다 *bringen 소용이 있다

걔는 정말 고집불통이야.

M: 걔는 맨날 욕먹으면서도 바뀔 생각을 안 하네. 정말 고집불통이야.
F: 응, 나도 설득해 봤는데 소용없더라.

[해설]

dick은 '뚱뚱한, 두꺼운'이란 뜻 외에도 '둔감한, 무감각한'이란 뜻도 있습니다. '머리'라는 뜻의 명사 Kopf에서 나온 -köpfig라는 접미사는 '~한 머리인'이란 뜻으로 합성어를 만들죠. 그래서 dickköpfig라는 말은 '완고한'이란 뜻이 됩니다.

[expression plus]

*dickköpfig = starrköpfig = eigensinnig
*Das bringt nichts! = Das lohnt sich nicht! 소용없어!

279위 잘못한 일에 대하여 이리저리 돌려 말하는 구차한 변명을 할 때

Keine Ausreden mehr.

M: Tut mir Leid, dass ich das Referat versaut habe.
Aber ich habe von Anfang an gesagt, dass ich es nicht halten will.

F: Keine Ausreden mehr.
Das kann ich dir nicht vergeben.

*das Referat 발표 *versauen 망치다 *halten 행하다 *die Ausrede 핑계, 변명
*vergeben 용서하다

더 이상 핑계대지 마.

M: 내가 발표를 망친 건 미안해. 하지만 처음부터 안 하겠다고 했잖아.

F: 더 이상 핑계대지 마. 용서할 수 없어.

[해설]

독일어로 '~하지 마!'라는 명령문은 간단하게 kein(e) 뒤에 명사를 붙인 형태로 표현하는 경우가 많습니다. 여기서는 '더 이상'이라는 말이 들어가서 mehr를 붙여 주었죠. 직역하면 '더 이상 핑계대지 마라'라는 뜻이 됩니다.

[expression plus]

*von ~ an 전치사 von과 an은 사이에 단어를 넣어 '~부터'라는 뜻을 만든다.
 von Anfang an 처음부터 von nun an 이제부터
*ein Referat halten 발표하다
*불규칙 동사변화 vergeben – vergab – vergeben
*vergeben 동사는 2인칭 단수형(du vergibst)과 3인칭 단수형(er vergibt)이 불규칙하게 변한다.

280위 자기의 책임을 남에게 미루려 할 때

Du musst Verantwortung für deinen Fehler übernehmen.

M: Ich kann nichts dafür.
Alle haben selbst daran Schuld!
F: Du musst Verantwortung für deinen Fehler übernehmen.
Du hast den größten Fehler gemacht!

*selbst 직접 *die Schuld 잘못, 실수 *die Verantwortung 책임 *der Fehler 실수
*übernehmen 넘겨받다, 떠맡다

네 잘못은 네가 책임져야지.

M: 이건 내 탓이 아니야. 모두에게 잘못이 있다고!
F: 네 잘못은 네가 책임져야지. 네가 한 실수가 가장 크잖아!

[해설]
'~에 대한 책임'이란 말은 명사 Verantwortung에 전치사 für를 붙입니다. 그리고 '책임을 지다'라는 말은 동사 übernehmen을 씁니다. 또 하나, 본문에 있는 문장 중 'Ich kann nichts dafür.'라는 문장은 직역하면 '나는 그것에 대해 아무것도 할 수 없다'라는 뜻이지만 실제로는 '내 탓이 아니다'라는 변명의 뜻으로 쓰입니다.

[expression plus]
*an ~ Schuld haben ~에 책임이 있다. ~에 대한 잘못을 하다.
*einen Fehler machen 실수하다
*übernehmen (동사분리 안 됨) ≠ über|nehmen 걸치다, 어깨에 두르다 (동사분리)

281위 - 300위 순위

281위 뭘 봐?

282위 나한테 시비 거는 거야?

283위 내 성질 건드리지 마.

284위 됐어!

285위 그 얘긴 꺼내지도 마!

286위 너나 잘 하세요!

287위 나한테 스트레스 풀지 마!

288위 이건 말도 안 돼요!

289위 쓸데없는 말 집어치워!

290위 잔소리 좀 그만해!

291위 걔 더 이상 못 참겠어!

292위 순 거짓말쟁이!

293위 내가 만만하게 보여?

294위 잘난 척 그만해.

295위 너 언젠가는 후회하게 될 거야.

296위 네가 나한테 어떻게 그럴 수 있니?

297위 너 진짜 싸가지 없구나.

298위 닥쳐!

299위 꺼져!

300위 제길!

281위 Was glotzt du so?

282위 Willst du Streit?

283위 Geh mir nicht auf die Nerven.

284위 Jetzt reicht es aber wirklich!

285위 Darüber will ich nicht reden!

286위 Das geht dich nichts an!

287위 Lass deinen Stress nicht an mir aus!

288위 Das geht doch nicht!

289위 Rede doch keinen Quatsch!

290위 Hör auf zu nörgeln!

291위 Ich habe die Nase voll von ihm!

292위 Du bist so ein Lügner!

293위 Hältst du mich für einen Schwächling?

294위 Hör auf anzugeben.

295위 Du wirst es eines Tages bereuen.

296위 Wie kannst du mir das antun!

297위 Du hast niemals Respekt vor den anderen Leuten.

298위 Halt die Klappe!

299위 Hau ab!

300위 Scheiße!

281위 무례하게 얼굴을 빤히 쳐다보는 상대방에게

Was glotzt du so?

F: Was glotzt du so?
Hab ich etwas im Gesicht?
M: Ah, nein. Es tut mir leid, wenn dir das unangenehm war.

*glotzen 뚫어지게 보다 *das Gesicht 얼굴 *unangenehm 불편한

뭘 봐?

F: 뭘 봐? 내 얼굴에 뭐 묻었냐?
M: 아, 아냐. 기분을 상하게 했다면 미안해.

[해설]
본문 문장은 말 그대로 '무엇을 그렇게 보고 있느냐?'라는 의미에서 '뭘 봐?'라는 뜻이죠. 좀 더 강한 어조로 말하고 싶다면 'Was glotzt du so blöd?'라고 할 수도 있습니다. 동사 glotzen에는 'TV를 보다'라는 뜻도 있으므로 같은 문장이라도 상황에 따라서 맥락이 다를 수 있으니 유의하세요.

[expression plus]
*Es tut mir leid. 미안해(미안합니다).
*glotzen 동사는 2인칭 단수형이 du glotzt로 변한다.

282위 공연히 결점을 찾아내어 트집을 잡을 때

Willst du Streit?

M: Willst du Streit?
F: Nein, ich wollte dir einfach die Wahrheit sagen.

*streiten 싸우다 *die Wahrheit 진실

나한테 시비 거는 거야?

M: 나한테 시비 거는 거야?
F: 아니야. 그냥 너한테 진실을 알려 주고 싶었을 뿐이야.

[해설]

본문 문장을 직역하면 '싸우고 싶니?'가 됩니다. 우리말로도 '싸우자는 거야?'라는 표현이 있는 것과 마찬가지죠. 본문의 상황처럼 시비가 걸리는 상황에서 할 수 있는 말입니다.

[expression plus]

*Wenn zwei sich streiten, freut sich der Dritte. 두 사람이 싸우면 세 번째 사람은 기쁘다. (두 사람이 싸우는 가운데서 다른 이가 이득을 본다는 뜻. 어부지리)
*불규칙 동사변화 streiten – stritt – gestritten

283위 불편한 심기로 인해 상대방에게 경고할 때

Geh mir nicht auf die Nerven.

F: Was ist mit dir los?
M: Geh mir nicht auf die Nerven.
Ich bin heute wirklich schlecht drauf.

*los 일어나는, 발생한 *der Nerv 신경 *schlecht 나쁜

내 성질 건드리지 마.

F: 너 왜 이래?
M: 내 성질 건드리지 마. 나 지금 기분이 너무 나쁘거든.

[해설]

우리말에도 '신경에 거슬린다'라는 말이 있죠. 명사 Nerv는 우선 '신경'이라는 뜻이 있지만, 복수형태인 Nerven일 경우 '자기제어 능력, 평정심'이란 뜻도 있습니다. 그래서 본문 문장을 직역하면 '내 평정심을 밟지 마라'라는 뜻이 됩니다. 그래서 '성질을 건드리지 마라'라는 뜻이 되는 것입니다.

[expression plus]

*Was ist los mit dir? = Warum hast du so schlechte Laune?
*schlecht drauf sein = schlechte Laune haben 기분이 좋지 않다

284위 더 이상 대화하고 싶지 않을 때

Jetzt reicht es aber wirklich!

F: Ich kann es nicht glauben, dass du solche dummen Dinge gemacht hast.

M: Jetzt reicht es aber wirklich!
Hör auf mit den Vorwürfen.

*glauben 믿다 *dumm 멍청한 *das Ding 일, 사건 *reichen 충분하다
*der Vorwurf 비난, 질책

됐어!

F: 네가 그런 멍청한 일을 저질렀다는 게 믿기지가 않는다.

M: 됐어! 이제 그만 나무라라구.

[해설]

동사 reichen을 써서 'Es reicht.'라는 문장을 만들면 '충분하다'라는 뜻입니다. 본문 문장은 거기에 부사들을 덧붙여서 뜻을 더 강조한 것이죠. 직역하면 '이제 정말이지 충분하다!'라는 강한 어조의 문장으로, 우리말로는 간단하게 '됐어! 이제 그만 들어도 될 만큼 실컷 했어!'라는 뜻이 됩니다.

[expression plus]

*mit ~ aufhören ~을 그만두다
*Mir reicht'es. = Jetzt reicht's mir. 이제 난 관심 없어.

285위 그 문제는 민감하니까 꺼내지도 말라는 뜻으로 쓰임.

Darüber will ich nicht reden!

M: Was ist zwischen dir und Lukas passiert?
F: Darüber will ich nicht reden!
Ich will nichts über ihn hören!

*zwischen ~사이에 *wollen ~하기를 바라다 *reden 말하다

그 얘긴 꺼내지도 마!

M: 루카스랑 도대체 무슨 일인데?
F: 그 얘긴 꺼내지도 마! 그리고 그 자식 얘기라면 더 이상 듣고 싶지 않아.

[해설]

말하고 싶지 않은 주제를 딱 잘라 거절할 때는 본문처럼 '거기에 대해 말하고 싶지 않다'라고 표현하면 되겠습니다. darüber의 da(r) 부분은 전치사와 결합하여 '그/그것'이라는 뜻을 더해 줍니다.

[expression plus]

*über ~ reden ~에 대해 말하다
*über ~ hören ~에 대해 듣다

286위 남이 쓸데없이 나의 일에 간섭할 때

Das geht dich nichts an!

F: Literaturwissenschaft zu studieren ist keine gute Wahl.
Du wirst arbeitslos.

M: Das geht dich nichts an!
Steckst du immer deine Nase in Dingen, die dich nichts angehen?

*die Literaturwissenschaft 문학 *die Wahl 선택 *arbeitslos 실업 상태인
*das Ding 일, 사건

너나 잘 하세요!

F: 너 문학 전공으로 선택하면 안 돼. 나중에 취직 못 한다.

M: 너나 잘 하세요! 남의 일에 간섭하는 게 취미야?

[해설]

'너나 잘하세요!'라는 말은 바꿔 말하면 '이건 너랑 상관없다'라는 뜻이죠. 독일어에서 이럴 때는 흔히 '~와 상관 있다'라는 뜻의 angehen이라는 동사를 써서 표현합니다. 본문에 쓰인 다른 표현 'die Nase stecken'이라는 뜻은 '코를 들이밀다'라는 표현으로 역시 아무 일에나 참견하는 상황을 나다내죠.

[expression plus]

*angehen에는 여러가지 뜻이 있다.
~와 상관 있다 Was geht mich das an? 그게 나랑 무슨 상관이야?
~를 시작하다 Der Film geht um 20 an. 영화는 저녁 8시에 시작한다.
*불규칙 동사변화 an|gehen - an|ging - angegangen

287위 상대방이 화난 감정을 나한테 풀 때

Lass deinen Stress nicht an mir aus!

F: Du Dummkopf!
M: Was? Lass deinen Stress nicht an mir aus!

*aus|lassen 화풀이하다 *der Stress 스트레스 *was 무엇

나한테 스트레스 풀지 마!

F: 이 멍청아!
M: 뭐? 네가 스트레스 받는 거 나한테 풀지 마!

[해설]

auslassen의 여러 뜻 중 하나는 '화풀이하다'라는 뜻입니다. 분노(Änger)나 스트레스(Stress)를 목적으로 쓰고 '~에게'라는 뜻의 전치사 an 뒤에 사람을 넣으면 '~에게 나쁜 감정을 쏟다'라는 뜻이 됩니다. Dummkopf라는 단어는 '어리석은'이라는 뜻의 형용사 dumm과 '머리'라는 명사 Kopf가 합쳐져서 만든 말입니다. 독일어의 비속어는 한국어로 직역하면 그리 심한 뜻이 아닌 것 같지만, 친구 사이에서 장난스럽게 쓰는 것이 아니라면 함부로 사용해서는 안 됩니다.

[expression plus]

*불규칙 동사변화 aus|lassen - aus|ließ – ausgelassen
*auslassen 동사는 2인칭 단수형(du lässt aus)과 3인칭 단수형(er lässt aus)이 불규칙하게 변한다.

288위 상대방의 말을 인정할 수 없을 때

Das geht doch nicht!

F: Das können Sie mit mir nicht machen!
Das geht doch nicht!
M: Da haben Sie recht. Verzeihung.

*recht 올바른 *die Verzeihung 용서

이건 말도 안 돼요!

F: 저한테 이러시면 안 돼죠! 이건 말도 안 돼요!
M: 당신 말씀이 맞습니다. 죄송합니다.

[해설]

동사 gehen은 '가다'라는 기본적인 뜻 말고도 아주 많은 뜻이 있습니다. 그 중 하나가 바로 '가능하다'라는 뜻이죠. 그래서 'Das geht doch nicht!'라는 말은 '이럴 수 없다. 그래서는 안 된다'라는 뜻입니다. 보통 믿을 수 없는 일을 두고 놀라움을 나타내거나 화가 났을 때 씁니다.

[expression plus]

*Geht das? 그렇게 해도 되나요?
*Es geht nicht ohne ihre Hilfe. 너희 도움 없이는 일이 안 돼.
*recht haben ~가 옳다

289위 소용없는 말을 듣기 싫을 때

Rede doch keinen Quatsch!

F: Rede doch keinen Quatsch!
Was willst du denn sagen?
M: Ich finde, wir passen nicht gut zusammen.
Es wäre besser, wenn wir uns trennen.

*reden 말하다 *der Quatsch 허튼소리, 장난 *passen 맞다 *zusammen 함께
*sich trennen 헤어지다

쓸데없는 말 집어치워!

F: 쓸데없는 말 집어치워! 도대체 뭘 말하고 싶은 거야?
M: 내 생각에 우린 서로 잘 맞지 않는 것 같아. 그러니 헤어지는 게 낫겠어.

[해설]

Quatsch는 '허튼소리, 장난, 무의미한 일'등을 뜻하는 명사입니다. 보통 명사를 부정하려면 독일어에서는 nicht 대신 명사 앞에 kein(e)를 붙여서 부정문을 만듭니다. 더 짧게 말하려면 다 생략하고 'Keinen Quatsch!'라고 하거나 그냥 'Quatsch!'라고 해도 헛소리하지 말라는 표현이 됩니다.

[expression plus]

*Rede doch keinen Quatsch! = Erzähl doch keine Opern!
*gut passen 잘 어울리다
*es wäre besser ~하는 편이 나을 것이다

290위 필요 이상으로 잔소리를 해서 지겨울 때

Hör auf zu nörgeln!

M: Hör auf zu nörgeln!

F: Das tue ich doch nur, damit du keine Fehler machst und später nichts bereuen musst.

*auf|hören 그만두다 *nörgeln 잔소리하다 *tun 하다 *später 나중에
*bereuen 후회하다

잔소리 좀 그만해!

M: 잔소리 좀 그만해!

F: 너 실수하고 나중에 후회해서는 안되니까 내가 이러는 거야.

[해설]

본문 문장을 직역하면 '잔소리 하는 걸 멈춰라'라는 뜻입니다. 여기서 동사 nörgeln 앞에 붙은 zu는 부정사의 역할을 해서 동사의 뜻에 '~하는 것'이란 말을 덧붙여주어 명사처럼 만들어줍니다. 두 번째 문장의 damit은 접속사의 역할로, '~하기 위해서'라는 뜻이 됩니다. 문장을 직역하면 '네가 실수하지 않고 나중에 아무것도 후회하지 않도록 하기 위해서 내가 이렇게 하는 것이다'라는 뜻이 됩니다.

[expression plus]

*불규칙 동사변화 tun – tat – getan

291위 참을 수 없는 일에

Ich habe die Nase voll von ihm!

M: Na ja, wir haben ein Problem.
Peter hat wieder einen Fehler beim Rechnen gemacht.

F: Ich habe die Nase voll von ihm!
Wir sollten ihn entlassen.

*rechnen 계산하다 *die Nase 코 *entlassen 해고하다

걔 더 이상 못 참겠어!

M: 있잖아, 우리 문제가 생겼어. 페터가 또 계산 실수를 했거든

F: 걔 더 이상 못 참겠어! 그를 해고해야겠어.

[해설]

본문의 문장을 직역하면 '나는 그에게 코가 꽉 차 버렸다'라는 뜻이 됩니다. '코가 꽉 차다'라는 말의 유래는 원래 '주둥이가 꽉 차 버렸다'라는 말입니다. 동물의 주둥이를 의미하는 Maul이나 Schnauze가 질릴 정도로 꽉 찼다는 의미였죠. 하지만 그것이 16세기 들어 사람의 신체인 코로 바뀌어 지금의 표현이 된 것입니다.

[expression plus]

*sich an die eigene Nase fassen (직역: 자기 코를 잡다) 자기를 비판하다
*불규칙 동사변화 entlassen – entließ - entlassen
*entlassen 동사는 2인칭 단수형(du entlässt)과 3인칭 단수형(er entlässt)이 불규칙하게 변한다.

292위 사실이 아닌 것을 사실인 것처럼 꾸며 대어 말함을 질책할 때

Du bist so ein Lügner!

F: Ich kann dir nicht mehr vertrauen.
Du bist so ein Lügner!
M: Was? Habe ich dich jemals angelogen?

*vertrauen 믿다 *der Lügner 거짓말쟁이 *jemals 언제 *an|lügen 거짓말하다

순 거짓말쟁이!

F: 나 이제 너 못 믿겠어. 순 거짓말쟁이!
M: 뭐? 내가 언제 거짓말을 했다고 그래?

[해설]
'거짓말쟁이'라는 말은 '거짓말하다'라는 뜻의 동사 lügen에서 나온 말입니다. 본문에 있는동사 anlügen 역시 같은 뜻입니다. 두 동사에 차이는 lügen은 보통 목적어 없이 혼자 쓰이고, anlügen은 목적어와 함께 쓰인다는 것이죠.

[expression plus]
*불규칙 동사변화 an|lügen - an|log – angelogen

293위 남들이 자신을 하찮게 여길 때

Hältst du mich für einen Schwächling?

F: Kannst du mir ein bisschen Geld leihen?
M: Warum immer ich?
Hältst du mich für einen Schwächling?

*leihen 빌려주다 *halten 여기다 *der Schwächling 약골, 허약한 사람

내가 만만하게 보여?

F: 나 돈 좀 빌려줄래?
M: 왜 만날 나한테만 그래? 내가 만만하게 보여?

[해설]

본문의 독일어를 직역하면 '너는 나를 허약한 놈이라고 생각하냐?'라는 뜻입니다. 다시 말해 '내가 약해서 함부로 대해도 된다고 여기고 있는 거냐?'라는 의미지요. 동사 halten은 많은 뜻이 있는데, 여기서는 전치사 für와 함께 문장을 만들어 '~를 ~로 여기다'라는 뜻이 됩니다.

[expression plus]

*불규칙 동사변화 leihen – lieh – geliehen
*불규칙 동사변화 halten – hielt – gehalten
*halten 동사는 2인칭 단수형(du hältst)과 3인칭 단수형(er hält)이 불규칙하게 변한다.

294위 대단하지도 않은 실력을 남에게 부풀려서 뽐내지 말라고 할 때

Hör auf anzugeben.

M: Ich habe eine Eins auf die Klausur bekommen!
F: Hör auf anzugeben.
Es gibt viele außer dir, die auch eine Eins bekommen haben.

*die Klausur 필기시험 *auf|hören 그만두다 *an|geben 잘난 척하다 *außer ~외에

잘난 척 그만해.

M: 나 이번 시험 또 1점 받았다!
F: 잘난 척 그만해. 너 말고도 1점 받은 사람 많아.

[해설]

동사 angeben은 '말하다, 지시하다'라는 뜻입니다. 하지만 그 외에도 일상생활에서는 '뻐기다, 잘난 척하다'라는 뜻이 있습니다. '~하는 것을 그만두다'라고 말할 때는 동사 aufhören에 zu 부정사를 붙여 만들면 됩니다.

[expression plus]

*Gib bloß nicht so an! 그렇게 잘난 척 좀 하지 마!
*eine Eins는 eine Note eins의 줄임말로, 1등급을 받았음을 의미한다.
*불규칙 동사변화 an|geben - an|gab – angegeben
*angeben동사는 2인칭 단수형(du gibst an)과 3인칭 단수형(er gibt an)이 불규칙하게 변한다.

295위 잘못된 결정을 내리려는 사람을 설득할 때

Du wirst es eines Tages bereuen.

M: Ich habe mich entschieden, meine Arbeit zu kündigen.
F: Du wirst es eines Tages bereuen.
Überlegs dir nochmal!

*sich entscheiden 결심하다 *kündigen 그만 하겠다고 통지하다 *bereuen 후회하다
*überlegen 숙고하다

너 언젠가는 후회하게 될 거야.

M: 난 일을 그만두기로 마음 먹었어.
F: 너 언젠가는 후회하게 될 거야. 더 잘 생각해 봐!

[해설]

eines Tages라는 말은 과거의 시점을 나타내어 '언젠가 한 번은'이라는 뜻도 되고, 미래의 시점을 나타내어 '언젠가'라는 뜻이 되기도 합니다. 본문의 문장에 나온 es는 앞 문장의 '회사를 그만두는 것'을 대명사로 바꾸어 쓴 것입니다.

[expression plus]

*Das wirst du noch bitter bereuen! 너 나중에 쓰라리게 후회하게 될 거야!
*überlegen (동사분리 안 됨) ≠ über|legen ~을 위에 놓다 (동사분리)
*überlegen은 형용사이기도 한데, 이 때 뜻은 '뛰어난, ~을 능가하는, 태연한'이란 뜻이다.

296위 자신에 대한 상대의 말이나 행동이 이해가 되지 않을 때

Wie kannst du mir das antun!

M: Ich möchte nicht mehr mit dir zusammenwohnen.
Nächsten Monat ziehe ich um.
F: Was? Wie kannst du mir das antun!
Ich habe dir doch sehr viel geholfen!

*zusammen|wohnen 함께 살다 *um|ziehen 이사가다 *an|tun 하다, 가하다
*helfen 도와주다

네가 나한테 어떻게 그럴 수 있니?

M: 나 이제 너랑 룸메이트 안 할래. 다음 달에 이사갈 거야.
F: 뭐? 네가 나한테 어떻게 그럴 수 있니? 내가 널 얼마나 도와줬는데!

[해설]

동사 antun은 긍정적인 뜻으로는 '호의를 베풀다'라는 뜻도 되지만, 부정적인 뜻으로는 '부당한 행위를 하다, 가하다'라는 뜻이 있습니다. 그래서 '어떻게 네가 나에게 이럴 수 있냐'라는 문장을 만들 때 쓰입니다.

[expression plus]

*불규칙 동사변화 um|ziehen - um|zog – umgezogen
*불규칙 동사변화 an|tun - an|tat – angetan
*불규칙 동사변화 helfen – half – geholfen
*helfen동사는 2인칭 단수형(du hilfst)과 3인칭 단수형(er hilft)이 불규칙하게 변한다.

297위 상대방에 대한 예의가 전혀 없는 사람에게

Du hast niemals Respekt vor den anderen Leuten.

F: Du hast niemals Respekt vor anderen Leuten.
Du bist so peinlich, dass ich nichts sagen kann.
M: Was? Was habe ich denn bloß getan?

*niemals 결코 ~가 아니다 *der Respekt 존경, 정중함 *die Leute 사람들
*peinlich 쪽팔린, 민망한 *bloß 대체

너 진짜 싸가지 없구나.

F: 너 진짜 싸가지 없구나. 너 때문에 쪽팔려서 내가 말이 안 나온다.
M: 뭐? 내가 뭘 어쨌다고 그래?

[해설]
본문 문장을 직역하면 '너는 다른 사람들에 대한 정중함이 전혀 없다'라는 뜻입니다. 그래서 우리말로 하면 '싸가지 없다'라고 할 수 있죠. peinlich는 '쪽팔린, 민망한, 불편한'이란 뜻이 모두 있습니다.

[expression plus]
*Wie peinlich! 진짜 민망하다!
*Es ist mir peinlich. 나 민망해.
*Respekt vor haben ~에 대한 존경심을 갖고 있다

298위 상대방과 더 이상 대화하고 싶지 않을 때

Halt die Klappe!

M: Du ärgerst dich über jede Kleinigkeit!
Ich habe es nicht leicht mit dir!

F: Halt die Klappe!

*sich ärgern 화내다 *jeder 매, ~마다 *die Kleinigkeit 사소한 일 *leicht 쉬운
*die Klappe 개폐식 뚜껑, 밸브, 입

닥쳐!

M: 너 사소한 일에도 화내잖아! 너랑 지내기 진짜 쉽지 않아!

F: 닥쳐!

[해설]

Klappe는 영화 촬영의 신호를 알리는 클랩스틱, 혹은 기계의 잠금 장치를 의미하는 말입니다. 그런데 일상 생활에서는 이 말이 비속어스럽게 '입, 주둥이'를 의미하기도 합니다. 그래서 'Halt die Klappe!'라고 말하면 '닥쳐!'라는 말이 되는 거죠. 전혀 정중하지 못한 말이기 때문에 함부로 사용해서는 안 됩니다.

[expression plus]

*Ja dann halt doch die Fresse! 그래, 그러니까 좀 닥쳐! (상당히 모욕적인 표현임)
*über~ sich ärgern ~에 대해서 화내다
*es leicht haben 쉽다

299위 눈 앞에 안 보이게 사라져 달라고 강력하게 요구할 때

Hau ab!

F: Das ist ja eine Schweinerei!
Räum dein Zimmer auf!

M: Das kann dir doch egal sein!
Hau ab!

*Schweinerei 돼지우리 *auf|räumen 정리하다 *egal 상관없는
*ab|hauen 도망치다, 사라지다

꺼져!

F: 이거 진짜 돼지우리네! 너 방 좀 치워!

M: 너랑 상관없잖아! 꺼져!

[해설]

동사 abhauen의 원뜻은 '(나무를) 자르다' 또는 학교 시험에서 '부정행위를 하여 베껴쓰다'라는 뜻입니다. 하지만 일상생활에서는 'Hau ab!'의 형태로 '꺼져!'라는 뜻으로 쓰이는 경우가 많습니다. 정중하지 못한 말이므로 아무에게나 함부로 사용해서는 안 됩니다.

[expression plus]

*Mensch, hau ab! 야 임마, 꺼져!
*Er ist über die Grenze abgehauen. 그는 국경 너머로 도망쳤다.
*불규칙 동사변화 ab|hauen - ab|hieb - abgehauen

Scheiße!

F: Liebe Fahrgäste, wegen einer Störung gibt es eine 5-minütige Verspätung für die Züge beider Richtungen.
Wir bitten um Ihr Verständnis.

M: Scheiße!

*lieber 친애하는 *der Fahrgast 승객 *die Störung 이상, 교란
*die Verspätung 지연, 늦음 *das Verständnis 이해심

제길!

F: 승객 여러분. 열차 이상으로 5분간 양방향 열차가 지연될 예정입니다. 이해해 주시기 바랍니다.

M: 제길!

[해설]

Scheiße는 여성 명사로 '똥'이라는 뜻입니다. 기타 유럽어들의 욕설이 주로 성적인 의미가 담긴 것들이 많은 반면, 독일어에서는 재미있게도 '변'과 관련하여 욕설이 발달했습니다. 원뜻이 '똥'이고, 독일인들이 흔히 사용하는 말이긴 합니다만 사실 이 말은 우리말의 '제길'보다 더 강한 뜻입니다. 그러니 주의해야 합니다.

[expression plus]

*um ~ bitten ~을 요청하다

Me
mO

Memo